Hoos • Loose • Bünner

Zentrale Gelingensbedingungen inklusiver Hochschulbildung für Studierende mit Behinderung und chronischer Erkrankung

Olaf Hoos, Julia Loose, Laura Bünner

Zentrale Gelingensbedingungen inklusiver Hochschulbildung für Studierende mit Behinderung und chronischer Erkrankung

Forschungsbericht des Teilprojektes „ZeGiHoS-Bay" der Julius-Maximilians-Universität Würzburg

Würzburg
University Press

Ein Teilprojekt des

Forschungs-
und Praxisverbund
Inklusion an Hochschulen
und barrierefreies Bayern

Impressum

Julius-Maximilians-Universität Würzburg
Würzburg University Press
Universitätsbibliothek Würzburg
Am Hubland
D-97074 Würzburg
www.wup.uni-wuerzburg.de

© 2019 Würzburg University Press
Print on Demand

Coverzeichnung: Christian Ridder
Coverdesign: Michael Buchta

ISBN 978-3-95826-124-2 (print)
ISBN 978-3-95826-125-9 (online)
DOI 10.25972/WUP-978-3-95826-125-9
URN urn:nbn:de:bvb:20-opus-183403

Zusammenfassung

Die Ratifizierung der Behindertenrechtskonvention der Vereinten Nationen (UN-BRK) sowie die Empfehlung der Hochschulrektorenkonferenz (HRK) „Eine Hochschule für Alle" im Jahre 2009 forderten die deutschen Hochschulen dazu auf, eine gleichberechtigte und diskriminierungsfreie Teilhabe von Studierenden mit studienerschwerender Beeinträchtigung und chronischer Erkrankung (SmB) an der Hochschulbildung durch angemessene Vorkehrungen und geeignete Maßnahmen zur Herstellung von Barrierefreiheit sicherzustellen. In diesem Kontext wurde 2017 der Forschungs- und Praxisverbund „Inklusion an Hochschulen und barrierefreies Bayern" von sechs bayerischen Hochschulen gegründet, in dessen Rahmen Einzelinitiativen, in Form von Forschungs- und Praxisprojekten, verfolgt wurden, die zur Entwicklung einer inklusionsorientierten Hochschule beitragen sollen. Die Julius-Maximilians-Universität widmete sich als eines der sechs Verbundmitglieder in einem Teilprojekt der Identifizierung zentraler Gelingensbedingungen inklusiver Hochschulbildung für SmB in Bayern. Hierzu wurden neben einer ausführlichen Analyse der nationalen und internationalen Befundlage ein empirischer Mixed-Methods-Ansatz genutzt. Dieser verknüpfte problemzentrierte qualitative Interviews mit bayerischen Beauftragten und Berater/innen für Studierende mit Behinderung und chronischer Erkrankung (n=13) sowie Lehrenden (n=20) unterschiedlicher Fakultäten zu deren themenspezifischen Qualifikationen und Einstellungen mit einer anschließenden quantitativen Erhebung bayerischer Hochschullehrender (n=807) an fünf Hochschulen, welche mit Hilfe einer dafür validierten deutschen Übersetzung eines etablierten themenspezifischen internationalen Befragungsinstruments durchgeführt wurde. Es ließen sich übergeordnet vier zentrale Gelingensbedingungen für eine inklusionsorientierte Hochschulbildung identifizieren: (1) Ein adäquater Wissensstand in Bezug auf themenrelevante gesetzliche und beeinträchtigungsbezogene Aspekte, (2) ein hinreichendes Maß an Sensibilität für und eine positive Einstellung zu SmB, (3) eine nachhaltige Förderung von themen- und adressatenspezifischen Weiterbildungen und (4) Netzwerkförderung. Als konkrete zugehörige Handlungsempfehlungen lassen sich daraus ableiten: Die Stärkung von Beauftragten und themenrelevanten Netzwerken, die nachhaltige Weiterbildungsförderung, die Berücksichtigung der besonderen Bedürfnisse von SmB im Rahmen des Qualitätsmanagements der Lehre, die besondere Sensibilisierung aller Akteur/innen für die Studieneingangsphase sowie die Schaffung themenspezifischer Informations- und Anreizsysteme für Professor/innen.

Inhaltsverzeichnis

Abkürzungsverzeichnis

DS   Disability Services

EFA   Explorative Faktorenanalyse

HRK   Hochschulrektorenkonferenz

KFA   Konfirmatorische Faktorenanalyse

MmB   Mensch(en) mit Beeinträchtigung

NTA   Nachteilsausgleich

SGB IX   Neuntes Sozialgesetzbuch „Rehabilitation und Teilhabe behinderter Menschen"

SmB   Studierende/r mit studienerschwerender Beeinträchtigung und chronischer Erkrankung

SmnsB   Studierende/r mit nicht-sichtbarer studienerschwerender Beeinträchtigung

SmsB   Studierende/r mit sichtbarer studienerschwerender Beeinträchtigung

UD   Universal Design

UDI   Universal Design for Instruction

UN-BRK   Übereinkommen über die Rechte von Menschen mit Behinderungen, Menschenrechtsabkommen der Vereinten Nationen

Abbildungsverzeichnis

Tabellenverzeichnis

1 Einleitung

Die Ratifizierung der Behindertenrechtskonvention der Vereinten Nationen (UN-BRK) sowie die Empfehlung der Hochschulrektorenkonferenz (HRK) „Eine Hochschule für Alle" im Jahre 2009 forderten die deutschen Hochschulen dazu auf, eine gleichberechtigte und diskriminierungsfreie Teilhabe von Studierenden mit studienerschwerender Beeinträchtigung und chronischer Erkrankung (SmB) an der Hochschulbildung durch angemessene Vorkehrungen und geeignete Maßnahmen zur Herstellung von Barrierefreiheit sicherzustellen. Ergänzend dazu ist eine Zunahme von SmB sowohl international (Venville et al., 2016; Wynants & Dennis, 2017) als auch in Deutschland zu verzeichnen. Daten von 2016 belegen, dass ca. 264.000 Studierende in Deutschland (ca. 11%) eine studienerschwerende gesundheitliche Beeinträchtigung aufweisen (Middendorff et al., 2017, S. 36), wobei dies einem Anstieg im Vergleich zu 2012 um 4% entspricht (Middendorff, Apolinarski, Poskowsky, Kandulla & Netz, 2013, S. 450). Diese Entwicklungen haben zahlreiche Initiativen zur Sicherung der Teilhabe von SmB angestoßen, wobei der Forschungs- und Praxisverbund „Inklusion an Hochschulen und barrierefreies Bayern" eine dieser Initiativen im Freistaat Bayern darstellt. Im Rahmen dieser Initiative hatten sich 2017 zwei bayerische Universitäten (Bayreuth, Würzburg) und vier Hochschulen für angewandte Wissenschaften (Ansbach, Deggendorf, Landshut, München) zusammengeschlossen und ihre Arbeit an vielfältigen themenbezogenen Projekten zu Inklusion und Barrierefreiheit im Hochschulkontext aufgenommen. Übergeordnete Ziele des Verbundes waren der Ausbau der praxisorientierten Forschung, die Entwicklung neuer Lehrformen, die themenspezifische Netzwerkbildung und die Formulierung von zugehörigen Handlungsempfehlungen. Konkret befasste sich die Universität Bayreuth mit der barrierefreien Zugänglichkeit von Kultureinrichtungen und zeigte auf, wie Inklusion als ästhetisches, utopisches Projekt verstanden und gemeinsam mit internationalen Partner/innen im Rahmen von vielfältigen Aktivitäten weiterentwickelt werden kann. Die Universität Würzburg widmete sich in zwei Teilprojekten zum einen zentralen Gelingensbedingungen für eine erfolgreiche Umsetzung inklusionsorientierter Hochschulbildung (ZeGiHoS-Bay) sowie andererseits dem Einfluss von Vorkenntnissen auf die Arbeit von Schwerbehindertenvertretungen in Bayern sowie deren Qualifizierung. Die Hochschule für angewandte Wissenschaft in Ansbach entwickelte ein barrierefreies multimediales Leitsystem, das nicht nur an Hochschulen, sondern auch an anderen öffentlichen Gebäuden nutzbar sein soll, während die technische Hochschule Deggendorf zentrale Gelingensbedingungen für barrierefreies Lernen mit digitalen Medien an Hochschulen identifizierte. Das Projekt an der Hochschule Landshut eruierte die spezifische Situation Gehörloser Menschen in Bayern und die ihnen zur Verfügung stehenden nachschulischen und insbesondere akademischen Bildungsmöglichkeiten und entwickelte zugehörige Informationsmaterialien für bayerische Hochschulen. Nicht zuletzt befasste sich die Hochschule München am Institut für Städtebau mit der Frage inwiefern das Thema Inklusion in die Lehre im Städtebau integriert werden kann und entwickelte zugehörige Lehrformate. All diese in den vielfältigen Teilprojekten gesetzten Impulse sollen gemeinsam Möglichkeiten aufzeigen, wie die Teilhabe von Menschen mit Beeinträchtigung (MmB) am gesellschaftlichen Leben im Allgemeinen und Bildungs- und Kulturangeboten im Speziellen begünstigt werden können. Von den Ergebnissen des Verbundprojektes sollen in Zukunft nicht nur Hochschulen, sondern auch andere öffentliche Einrichtungen wie Museen, Kinos und weitere Kulturinstitutionen profitieren. Weitergehende Informationen zu den Projekten finden sich auf der zugehörigen Homepage (Projektseite, 2018)[1].

Der nachfolgend dargestellte Projektbericht des Teilprojektes „ZeGiHoS-Bay" der JMU hat sich der Identifizierung zentraler Gelingensbedingungen inklusionsorientierter Hochschulbildung gewidmet. Um die in Kapitel 3 spezifizierte Forschungsfrage zu erschließen, wurde zunächst eine ausführliche internationale Literaturrecherche durchgeführt, deren Befundlage in Kapitel 2 als komprimierter empirischer Forschungsstand zum Thema knapp zusammengefasst ist. Diese Befundlage diente als Grundlage zur Formulierung der nachfolgenden Forschungsfragen sowie der Methodenentwicklung der verschiedenen Teilerhebungen, deren Untersuchungsdesign in Kapitel 3 dargestellt wird. Die Ergebnisse der zunächst durchgeführten qualitativen Interviews mit Beauftragten und Berater/innen für Studierende mit Behinderung und chronischer Erkrankung sowie Interviews mit Hochschullehrenden aus unterschiedlichen Fakultäten und Fachkulturen finden sich in Kapitel 4. Im Anschluss daran sind die Befunde der quantitativen Erhebung, insbesondere mit Lehrenden von Partnerhochschulen, dargestellt, welche mit Hilfe einer eigens dafür validierten deutschen Übersetzung eines etablierten themenspezifischen internationalen Befragungsinstruments durchgeführt wurde. Anschließend werden die Ergebnisse im Kontext der Befundlage aus Kapitel 2 eingeordnet und bewertet (Kapitel 5), sodass in Kapitel 6 darauf basierende konkrete Handlungsempfehlungen gegeben werden.

Eine Kurzversion des Berichts mit reduzierter Darstellung der qualitativen und quantitativen Ergebnisse findet sich auf der Projekthomepage[2]. Zusätzlich ist neben der digitalen Version des Projektberichtes[3] eine Handreichung[4] für Lehrende mit praktischen und leicht umsetzbaren Empfehlungen für die alltägliche Lehrsituation erhältlich.

Das Projektteam der Universität Würzburg bedankt sich herzlich beim Bayerischen Landtag für die Ermöglichung dieses Projektes und die großzügige Finanzierung.

Wir, das Projektteam der Universität Würzburg, hoffen, dass unsere Ergebnisse Ihnen als Hochschulmitglied, Lehrende/r, Forschungsinteressierte/r Ideen und Anregungen geben, mit denen Sie den Inklusionsprozess unterstützen und voranbringen können. Vielen Dank für Ihr Interesse und viel Erfolg bei der Umsetzung wünschen Ihnen

Prof. Dr. Olaf Hoos, Julia Loose, Laura Bünner
Fakultät für Humanwissenschaft, Julius-Maximilians-Universität Würzburg
Würzburg, im August 2019

---

[1] Vgl. https://www.uni-wuerzburg.de/inklusion/startseite/
[2] Vgl. https://www.uni-wuerzburg.de/fileadmin/inklusion/2019/Verbundproj_Abschlussveranstaltung_
     Berichte_190505_01UA-ohne-Unterschrift.pdf
[3] Vgl. https://doi.org/10.25972/WUP-978-3-95826-125-9
[4] Vgl. https://doi.org/10.25972/OPUS-18586

2   Empirische Befunde zur Situation von SmB

Im Kontext Studium und Beeinträchtigung führt die Kombination aus vorliegender Beeinträchtigung und (erlebter) Hochschulumgebung dazu, dass die betroffenen Studierenden im Rahmen ihres Studiums eine Studienerschwernis erfahren, also „behindert werden". Begrifflich bezieht sich das im Hochschulkontext verwendete Behinderungsverständnis somit auf ein dynamisches, sich ständig weiterentwickelndes bio-psychosoziales Konstrukt, welches in der UN-BRK (Art. 1, Satz 2) wie folgt zum Ausdruck kommt (Beauftragte der Bundesregierung für die Belange von Menschen mit Behinderungen, 2017): „Zu den Menschen mit Behinderungen zählen Menschen, die langfristige körperliche, seelische, geistige oder Sinnesbeeinträchtigungen haben, welche sie in Wechselwirkung mit verschiedenen Barrieren an der vollen, wirksamen und gleichberechtigten Teilhabe an der Gesellschaft hindern können". Demnach wird unter der Gruppe der SmB, eine sehr heterogene Gruppe verstanden, zu denen u.a. Studierende mit motorischen Beeinträchtigungen und chronisch-körperlichen Erkrankungen genauso gehören wie solche mit psychischer Erkrankungen, Teilleistungsstörungen (Legasthenie und Dyskalkulie) und Seh-, Hör- und Sprechbeeinträchtigungen (Deutsches Studentenwerk & Informations- und Beratungsstelle Studium und Behinderung [IBS], 2013, S. 9).

Während der aktuelle internationale Forschungsstand zur Situation von SmB im Hochschulkontext bereits eine lange Tradition vorweisen kann (Madaus et al., 2016; Moriña, 2017), sind nationale Befunde zum Thema deutlich rarer und erst in den letzten Jahren hinzugekommen (Klein, 2016; Peschke, 2019; Stemmer, 2017). Dabei wird deutlich, dass bisher v.a. die Studierendenperspektive und ihr Blick auf Barrieren, Unterstützungsmaßnahmen und Gelingensfaktoren, der Bildungsübergang und -abschluss sowie die Problematik der Offenbarung einer nicht-sichtbaren Beeinträchtigung beleuchtet wurden, während Befunde zu anderen Hochschulakteur/innen deutlich seltener sind und diesbezüglich insbesondere die Einstellung zu SmB, themenspezifische Weiterbildung, angemessene Vorkehrungen im Hochschulsetting und geeignete Maßnahmen zur Herstellung von Barrierefreiheit thematisieren (Madaus et al., 2016; Moriña, 2017). Wesentliche Aspekte der bisherigen Befunde hierzu werden nachfolgend exemplarisch und komprimiert zusammengefasst, einen umfangreicheren Überblick zum empirischen Forschungsstand findet sich in themenspezifischen Reviews (Fisseler, 2016; Lyman et al., 2016; Madaus et al., 2016; Moriña, 2017; Venville et al., 2016).

2.1   Barrieren und Bildungsteilhabe

Empirische Befunde zum nachweislich erschwerten Hochschulübergang von SmB (Garrison-Wade, 2012; Leake & Stodden, 2014; Moriña, 2017) als auch zu deren geringeren Abschlussquoten, verglichen mit Studierenden ohne Beeinträchtigung (Garrison-Wade, 2012; Moriña, 2017; Stein, 2014), trotz eines häufig höheren notwendigen Investments in das Studium, belegen eindrucksvoll, dass diverse Beeinträchtigungen in Wechselwirkung mit vielfältigen baulichen, organisatorischen, kommunikativ-informationellen, didaktischen, strukturellen und einstellungsbezogenen Barrieren im Hochschulalltag (Garrison-Wade, 2012; Klein & Schindler, 2016; Moriña, 2017) die Teilhabe an der Hochschulbildung erschweren.

Neben den vielfach umfangreich beleuchteten baulichen Barrieren (Moriña, 2017) bilden die relativ unflexiblen Studienstrukturen eine bedeutsame strukturelle Barriere, was durch die im Rahmen der Bologna-Reform modularisierten Studiengänge z.T. verstärkt wurde, sodass die relativ starre und konsekutive Struktur vieler Bachelor- und Masterstudiengänge wenig Flexibilität im Studienverlauf für SmB zulassen, die sie eigentlich zur Kompensation der beeinträchtigungsbezogenen Mehrbelastung im Studium benötigen (Klein & Schindler, 2016, S. 9-10). Mit einer reduzierten Flexibilität verstärkt sich letztlich auch die Abhängigkeit der Studienpartizipation von SmB vom Nachteilsausgleich (NTA) (Hochschulrektorenkonferenz, 2009, S. 4).

Empirisch betrachtet bildet v.a. die Einstellung von Hochschullehrenden eine wesentliche Barriere mit maßgeblichem Einfluss auf Studienteilhabe und -erfolg von SmB (Becker & Palladino, 2016; Faggella-Luby et al., 2017; Wolman, Suarez McCrink, Figueroa Rodriguez & Looby-Harris, 2004). Neben der grundsätzlichen Einstellung der Lehrenden sind auch Wissen über beeinträchtigungsbezogene Kontexte (Burgstahler & Moore, 2009) sowie Sensibilität in der Interaktion mit SmB bedeutsam (Moriña, 2017; Sniatecki, Perry & Snell, 2015; Vogel, Holt, Sligar & Leake, 2008). Ein themenspezifischer Wissensstand kann mit einem Bewusstsein für die Situation der SmB und der Einstellung gegenüber diesen korrespondieren (Baker, Boland & Nowik, 2012), was dann ggf. in der Interaktion zum Ausdruck kommt, sodass bspw. eine Beeinträchtigung angezweifelt wird (Leake & Stodden, 2014; Moriña, 2017; Vogel et al., 2008) oder Unverständnis für einen besonderen Förderbedarf im Hochschulstudium auftritt. Insbesondere gegenüber Studierenden mit nicht-sichtbaren Beeinträchtigungen (SmnsB) können fehlende Kenntnisstände und mangelnde Sensibilität häufiger zu unangemessenen Verhaltensweisen seitens der Lehrenden führen (Moriña, 2017; Stein, 2013).

2.2 Unterstützungsfaktoren

Um die Teilhabe an der Hochschulbildung für SmB gewährleisten zu können, stehen reaktiv regulierte, individuell angemessene Vorkehrungen (Nachteilsausgleiche) sowie proaktiv gestaltete, systemische Maßnahmen zur Herstellung von Barrierefreiheit (z.B. Universal Design) zur Verfügung (Peschke, 2019, S. 13-17).

Angemessene Vorkehrungen
Erstere werden (prüfungsbezogen) meist über einen individuellen Nachteilsausgleich (NTA) im Rahmen eines offiziellen Beantragungs- und Genehmigungsverfahren administriert (Gattermann-Kasper, 2016). Bei der Beantragung von individuellen NTAen wer-

den SmB von Beauftragten deutscher Hochschulen und ggf. vorhandenen Beratungsstellen[5] sowie auf internationaler Ebene von bereits deutlich länger etablierten Disability Services (DS) unterstützt (Deutsches Studentenwerk & IBS, 2013; Lyman et al., 2016; Scott, Markle, Wessel & Desmond, 2016). Auch wenn NTAe als wirksame Unterstützungsinstrumente für SmB gelten (Salzer, Wick & Rogers, 2008; Sharpe, Johnson, Izzo & Murray, 2005), nutzen selbige aktuell lediglich 29% der SmB in Deutschland (Deutsches Studentenwerk [DSW], 2018, S. 178), wobei diese ihn mit 73% als (sehr) hilfreich bewerten (DSW, 2018). Maßgebliche Erklärungsgründe für eine geringe Inanspruchnahme können u.a. in

- der Notwendigkeit der Offenbarung einer Beeinträchtigung,
- der Unwissenheit bzgl. aber auch mangelnden Qualität und Verfügbarkeit von Beratungsangeboten,
- der aufwendigen Beantragung/Administration,
- dem persönlichen Wunsch nach Selbstständigkeit ohne Sonderregelungen,
- dem Bedürfnis, negative soziale Reaktionen und Konsequenzen zu vermeiden sowie
- negativen Vorerfahrungen mit Lehrenden

gesehen werden (Lyman et al., 2016, S. 139). Auch die Einstellung von Hochschulakteur/innen gegenüber SmB kann hier eine konkrete, bedeutsame Rolle bei der Genehmigung bzw. Aushandlung von NTAen spielen (Wynants & Dennis, 2017). Ferner deutet sich an, dass der zur Wahrnehmung von NTAen bedeutsame themenspezifische Informationsaustausch zwischen SmB und weiteren Hochschulakteur/innen (Moriña, 2017) stabile Kommunikationsstrukturen und damit Netzwerke auf unterschiedlichen Ebenen erfordert, die durch Konzepte eines inklusionsorientierten Campusklimas unterstützbar scheinen (Harbour & Greenberg, 2017). Bei der konkreten Genehmigung von NTAen sind in jedem Fall drei Aspekte zu erfüllen (Gattermann-Kasper, 2015):

1. Es liegt eine länger andauernde oder dauerhafte gesundheitliche Beeinträchtigung vor.
2. Die Beeinträchtigung führt bei regulärer Durchführung der Prüfung zu einem Nachteil.
3. Der beantragte/bewilligte NTA steht nicht mit der zu ermittelnden Prüfungsleistung in Verbindung.

Ein NTA bedarf demnach einer offiziellen Beantragung, „Aushandlung" und Genehmigung, da Vorgaben der allgemeinen und spezifischen Prüfungsordnungen der jeweiligen Studiengänge sehr vielfältig sind und auf sehr unterschiedliche Art und Weise mit den oben genannten Aspekten kollidieren können (insb. Aspekt 3). Sofern einfache „Anpassungen" der Lehrumgebung erforderlich sind, die in der Regel keine konkrete Kollision mit den allgemeinen Prüfungsrahmenbedingungen darstellen, bspw. ein spezieller Sitzplatz während

---

[5] Die Landeshochschulgesetze (z.B. BayHSchG Art. 2, Abs. 3, Satz 3) verpflichten die Hochschulen zur Bestellung eines/r Beauftragten für Studierende mit Behinderung, welche/r z.T. unterstützt durch Berater/innen für die gleichberechtigte und diskriminierungsfreie Teilhabe von SmB an den Angeboten der jeweiligen Hochschulen zuständig ist. Im weiteren Verlauf wird ausschließlich die Bezeichnung „Beauftragte/r" verwendet, was, sofern nicht explizit angemerkt, unterstützende Berater/innen aus hochschulinternen Beratungsstellen miteinschließt.

einer Prüfung, bieten sich unbürokratische Entscheidungsspielräume für Lehrende an, was als besonders günstig für die Umsetzung und Inanspruchnahme zu sehen ist (Lyman et al., 2016, S. 139).

Ein weiterer maßgeblicher Einflussfaktor auf die Bewilligung von NTAen scheint die (Nicht-) Sichtbarkeit der Beeinträchtigung zu sein. Diesbezügliche Untersuchungen konnten aufzeigen, dass die Bereitschaft NTAe für Studierende mit psychischen, also nicht-sichtbaren, Beeinträchtigungen zu unterstützen geringer ist oder die betroffenen Studierenden eher als nicht studierfähig angesehen werden (Burgstahler & Moore, 2009; Hindes & Mather, 2007). Da die Sichtbarkeit einer Beeinträchtigung einen entscheidenden Einfluss auf die soziale Interaktion von Lehrenden mit SmB nimmt, wird in der themenspezifischen Literatur häufig zwischen Studierenden mit sichtbarer (SmsB) und nicht-sichtbarer Beeinträchtigung (SmnsB) unterschieden (Leake & Stodden, 2014; Moriña, 2017; Sniatecki et al., 2015). Dieser Umstand ist besonders relevant, da insgesamt nur 4% der SmB in Deutschland eine auf Anhieb sichtbare Beeinträchtigung aufweisen (DSW, 2018, S. 2). Da eine nicht-sichtbare Beeinträchtigung erst mit der Offenbarung dieser bekannt wird, können vorab Situationen entstehen, in denen das Vorhandensein der Beeinträchtigung unklar bleibt oder angezweifelt werden kann. Aktuelle nationale Daten zeigen auf, dass Studierende mit psychischen Beeinträchtigungen, u.a. am seltensten einen NTA beantragen (DSW, 2018, S. 175). Dieser Umstand kann auch darauf zurückgeführt werden, dass mit der Beantragung des NTAs die Offenbarung der Beeinträchtigung einhergeht und diese gemieden wird, aus der Sorge vor Stigmatisierung, negativen sozialen Konsequenzen und einer geminderten Leistungserwartung als Reaktion auf die Offenbarung (Condra et al., 2015; Leake & Stodden, 2014; Lyman et al., 2016; McEwan & Downie, 2013; Moriña, 2017; Storrie, Ahern & Tuckett, 2010; Thompson-Ebanks, 2014). Aus dem Verzicht auf einen NTA ergibt sich für selbige Studierende dann wiederum ein erhöhtes Risiko eines Studienabbruchs, weshalb ein angemessener Umgang, einhergehend mit einer besonderen Qualifikation in der Beratung, dringend angezeigt ist (Kupferman & Schultz, 2015). Nicht zuletzt prägen Studierende mit psychischen Beeinträchtigungen negative Erfahrungen mitunter derart, dass sie bereits nach einer negativ erlebten Reaktion eines/r Lehrenden keine zukünftige Hilfe mehr aufsuchen (Becker & Palladino, 2016; Lyman et al., 2016).

Maßnahmen zur Barrierefreiheit
Ergänzend erscheinen proaktive, systemische Konzepte zur Herstellung von Barrierefreiheit wichtig, die u.a. zur Vermeidung des Offenbarungszwangs von SmnsB und zur Reduzierung von NTAen dienen können und im Hochschulkontext meist über „Universal Design" (UD) Ansätze umgesetzt wurden (McGuire, 2014). Beim UD handelt es sich grundsätzlich um eine Gestaltung von Produkten und Umwelten, die eine größtmögliche Nutzer/innenvielfalt ermöglicht, ohne spezifische Anpassungen zu benötigen (Burgstahler, 2015, S. 5). Insbesondere im angloamerikanischen Raum wurde der Effekt des UD bereits wissenschaftlich untersucht (McGuire, 2014; Moriña, 2017; Peschke, 2019) und belegt, dass das Konzept nicht nur SmB, sondern allen Studierenden zu Gute kommt. Genauer gesagt ermöglichen Lehrveranstaltungen, die die Prinzipien des UD berücksichtigen, unterschiedliche Möglichkeiten Wissen zu erwerben, indem mehrere Nutzungszugänge zum Lerngegenstand, vielfältige Lehr- und Lernmethoden sowie eigenständiges Arbeiten Anwendung

finden (Fisseler & Markmann, 2012). Es wurden außerdem Institutionen speziell für UD eingerichtet (z.B. The Centre for Universal Design[6], Institut für Universal Design[7], Institute for Human Centered Design[8], Centre for Excellence in Universal Design), die das Thema seit Jahren vertieft für das Hochschulsetting bearbeiten und weiterentwickeln (Burgstahler & Moore, 2009).

Weitere (indirekte) Unterstützungsfaktoren

Des Weiteren erscheinen Weiterbildungsmaßnahmen im Hochschulkontext wirksam zur Verbesserung des themenspezifischen Kenntnisstands und der Einstellung zu SmB (Moriña, 2017; Sniatecki et al., 2015) und gelten aus Studierendensicht als essentiell für eine inklusionsorientierte Hochschule (Moriña, López-Gavira & Molina, 2016). Sie können als eine Maßnahme betrachtet werden, um Sensibilisierung und Qualifizierung zu forcieren (Tippelt & Schmidt-Hertha, 2013). Die Notwendigkeit des Ausbaus themenspezifischer Weiterbildung deutete sich bereits 2014 in einer bundesweiten Befragung der Beauftragten an, da lediglich 18% (Deutsches Studentenwerk, 2014, S. 9) der Beauftragten angaben, Informations- und Weiterbildungsveranstaltungen für Lehrende an der Hochschule anzubieten. Auch für die Beauftragten selbst sind regelmäßige Fortbildungen zur Qualitätssicherung von Beratungsleistungen für SmB von besonderer Bedeutung (Lyman et al., 2016), was insbesondere für nicht-sichtbare Beeinträchtigungen zu gelten scheint (Moriña, 2017; Sniatecki et al., 2015; Stein, 2014). Im internationalen Setting sind themenspezifische Weiterbildungsangebote bereits etabliert und werden mit Hochschulzertifikaten (University of Connecticut, 2019), die eine nachweisbare Qualifizierung der Hochschullehrenden verfolgen, ausgezeichnet. In diesem Kontext ist anzumerken, dass bereits nachgewiesen wurde, dass Fortbildungen erfolgsversprechender sind als eine autodidaktische Auseinandersetzung mit dem Thema (Murray, Lombardi & Kosty, 2014) und möglichst kontextspezifisch zu gestalten sind (Byrne, 2017; Faulseit-Stüber, Gernentz, Kron & Weiss, 2009; Tippelt & Hippel, 2018). Insbesondere Maßnahmen, die von (ehemals) Betroffenen durchgeführt werden, können dazu beitragen Stigmata zu reduzieren (Condra et al., 2015).

Ein weiterer Aspekt, der den Wissensstand und die Sensibilisierung fördern kann, sind Netzwerke, indem sie regelmäßige Kommunikationsprozesse und das Erleben positiver Wirksamkeitserfahrungen begünstigen (Köstler & Vetter, 2014). Eine Studie der Universität Marburg (Lauber-Pohle, 2019) ergab, dass eine „interne, intermediäre und externe Vernetzung" dazu dient, die Herausforderung der Inklusion an Hochschulen zu erleichtern und bspw. Barrieren reduziert werden können (Leake & Stodden, 2014). Durch die Vernetzung von Beratungsstellen und anderen Hochschulinstitutionen kann u.a. die Informationspolitik verbessert werden. Es ist wichtig zu berücksichtigen, dass nicht nur Beratungsstellen für die Belange von SmB zuständig sind, sondern dies eine ganzheitliche Aufgabe der Hochschule inklusive ihrer Mitarbeiter/innen darstellt (Scott et al., 2016). Sowohl Hochschulen als auch Studierende nutzen Netzwerke, um bessere Studienbedingungen herzustellen (Lauber-Pohle, 2019; Tippelt & Schmidt-Hertha, 2013). Generell ist es sinnvoll SmB selbst in eine Netzwerkstruktur mit aufzunehmen, da soziale Netzwerke bspw. zur Bewältigung des

---

[6] Vgl. https://projects.ncsu.edu/design/cud/
[7] Vgl. http://universal-design.org/institut/
[8] Vgl. https://www.humancentereddesign.org/about-us/contact

Hochschulalltags, ebenfalls wichtig sind (Crosling, Heagney & Thomas, 2009; Jacklin, Robinson, O'Meara & Harris, 2007; Lombardi, Murray & Kowitt, 2016).

Zusammenfassend implizieren die bisherigen Befunde zur Studiensituation von SmB im Hochschulsetting, dass die Studierendenperspektive international relativ häufig und auch in Deutschland durch die „best"-Studien zumindest deskriptiv erfasst wurde (Deutsches Studentenwerk, 2012; DSW, 2018; Middendorff et al., 2013; Middendorff et al., 2017), während Befunde zur Sicht der Lehrenden deutlich geringer (Dukes III, Madaus, Faggella-Luby, Lombardi & Gelbar, 2017) bzw. im deutschsprachigen Raum kaum vorhanden sind (Peschke, 2019). Deshalb nimmt das Teilprojekt ZeGiHoS-Bay insbesondere die Perspektive von bayerischen Hochschullehrenden und Beauftragten in den Blick, um aus deren Perspektive zentrale Gelingensbedingungen für eine inklusionsorientierte Hochschulbildung in Bayern formulieren zu können. Die beiden zentralen Forschungsfragen lauten:

-    „Was sind die zentralen Gelingensbedingungen für eine inklusionsorientierte Hochschulbildung in Bayern (Deutschland)?"

-    „Welche Einstellung und Qualifikation haben Beauftragte und Lehrende im Kontext von inklusionsorientierter Hochschulbildung?"

3 Methodik

3.1 Untersuchungsdesign

Die beiden Forschungsfragen wurden über einen Mixed-Methods-Ansatz untersucht. Dieser umfasst im Gegensatz zur Triangulation eine Kombination aus quantitativen und qualitativen Methoden und nicht nur mehrere Methoden einer der beiden Forschungszugänge (Kuckartz, 2014). Durch den Mixed-Methods-Ansatz sollten die Vorteile der qualitativen und quantitativen Forschungsansätze miteinander vereint (Hussy, Schreier & Echterhoff, 2013) und der Forschungsgegenstand auf diese Weise vertieft und aus unterschiedlichen Perspektiven betrachtet werden (Leech & Onwuegbuzie, 2009). Da zwei der drei eingesetzten Methoden einer qualitativen Erhebung entsprachen, ist das Forschungsprojekt dem Qualitativ-Mixed-Methods-Ansatz zuzuordnen (Leech & Onwuegbuzie, 2009). Das Gesamtdesign ist in Abbildung 1 dargestellt.

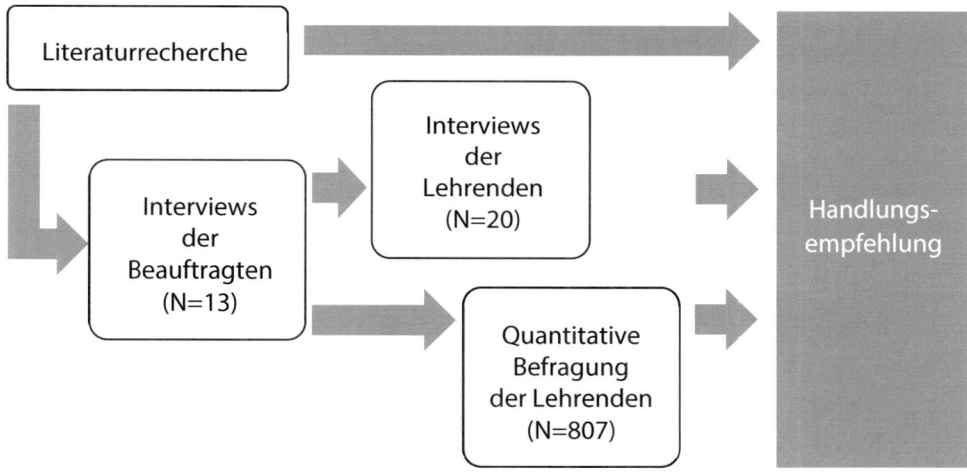

Abbildung 1: Untersuchungsdesign

Im ersten Schritt des vorliegenden Forschungsprojekts wurden qualitative Interviews mit bayerischen Beauftragten für SmB geführt. Diese dienten in erster Linie dazu, ein Abbild der aktuellen Situation von SmB aus Expert/innensicht zu erhalten sowie grundsätzliche strukturelle Gegebenheiten zum Thema erfassen zu können. Ein qualitativer Forschungszugang wurde gewählt, um einen geeigneten Rahmen für die individuellen Antworten zu schaffen. Außerdem wurde die Forschungsmethode bislang nur vereinzelt in diesem thematischen Kontext in Deutschland angewendet. Anschließend wurde ein paralleles Design genutzt, in dem qualitative und quantitative Erhebungen (Leech & Onwuegbuzie, 2009) mit bayerischen Hochschullehrenden erfolgten. Die Ergebnisse der zeitnahen Erhebungen wurden überwiegend unabhängig voneinander ausgewertet und erst in der Diskussion zusammengeführt (Kuckartz, 2014). Lediglich Ausprägungen demografischer Kategorien sowie erste auffallende inhaltliche Äußerungen zu Weiterbildungsthemen wurden für die quantitative Befragung aus der qualitativen Erhebung übernommen. Mithilfe der qualitativen Interviews wurde die Situation der SmB aus Sicht der Lehrenden sowie deren themenspezifische Einstellung und Qualifizierung erfasst. Die wenigen bereits bestehenden themenspezifischen Hypothesen wurden mit der quantitativen Befragung überprüft und anschließend mit den Ergebnissen der qualitativen Interviews in Verbindung gebracht.

Für die drei Erhebungen wurden Befunde aus der vorwiegend internationalen Literatur, v.a. bei der Erstellung der qualitativen Interviewleitfäden und der Konstruktion bzw. Auswahl des quantitativen Fragebogens, genutzt. Die erhobenen Daten des Forschungsprojekts wurden abschließend mit den evidenzbasierten und praxisbezogenen Literaturbefunden abgeglichen und zu Handlungsempfehlungen verdichtet (Kapitel 6).

3.2 Methodik der qualitativen Erhebungen

Als qualitative Interviewform wurde das problemzentrierte, leitfadengestützte Interview nach Witzel (2000) genutzt und für beide Adressat/innengruppen wurde die grundsätzlich gleiche Vorgehensweise gewählt. Allerdings dienten die Interviews der Beauftragten auch zur Weiterentwicklung und Spezifizierung der Leitfragen für die Lehrendenbefragung. Dabei wurden folgende Leifragen verwendet:

Tabelle 1: Leitfragen der Interviews der Beauftragten und Lehrenden

Beauftragte	Lehrende
Welche Aufgaben umfasst die Position des/r Beauftragten?	
Welche Herausforderungen ergeben sich für die Beauftragten in der Interaktion mit SmB?	Welche Herausforderungen ergeben sich für Hochschullehrende im Lehralltag?
Wie ausgeprägt ist der Wissenstand der Beauftragten (auch in Bezug auf die gesetzlichen Grundlagen von SmB)?	Wie ausgeprägt ist der Wissenstand der Lehrenden (auch in Bezug auf die gesetzlichen Grundlagen von SmB)?
Vor welchen Herausforderungen stehen Lehrende im Zusammenhang mit SmB aus Sicht der Beauftragten?	Gibt es Unterstützungsmöglichkeiten für Lehrende in Form von themenspezifischen Weiterbildungen und wenn, werden diese genutzt?
Welche Barrieren nehmen Beauftragte für SmB wahr?	Welche Barrieren nehmen Lehrende für SmB wahr?
Welche Bedingungen müssen gegeben sein, um SmB ein erfolgreiches Hochschulstudium ermöglichen zu können?	Welche Möglichkeiten zur Unterstützung von SmB im Hochschulkontext kennen bzw. bieten Lehrende?
Gibt es einen Zusammenhang zwischen Daten zur Position des/r Beauftragten und dem Wissenstand, Bewusstsein und Netzwerken?	Gibt es einen Zusammenhang zwischen Daten zur Person und dem Wissenstand, Bewusstsein und der Bereitschaft zum Handeln?
Welche Einstellung vertreten Beauftragte gegenüber SmB (und zu einer inklusionsorientierten Hochschulbildung)?	Welche Einstellung vertreten Lehrende gegenüber SmB (und zu einer inklusionsorientierten Hochschulbildung)?

Interviewvorbereitung und -durchführung

Die problemzentrierten, leitfadengestützten Interviews nach Witzel (2000) basierten auf den drei Grundprinzipien Problemzentrierung, Gegenstandsorientierung und Prozessorientierung, ergänzt um den Aspekt der Offenheit (Mayring, 1990). Der Leitfaden, der für die Interviews mit den Beauftragten erstellt wurde, war an drei themenspezifische Leitfäden (Deutsches Studentenwerk, 2014; Fossey et al., 2015; Garrison-Wade, 2012) orientiert. Die Interviews mit den Beauftragten wurden so konzipiert, dass sie max. 45 Minuten in Anspruch nehmen würden, selbige der Lehrenden 30 Minuten. Sowohl die inhaltliche Eignung der Leitfäden als auch die jeweils geplante Dauer der Interviews konnten mithilfe je eines Pre-Testes bestätigt werden.

Die Zielgruppe der Beauftragten wurden im Sinne einer deduktiven Stichprobe als Interviewpartner/innen gewählt, da sie als gesetzlich bestellte themenspezifische Vertreter/innen der SmB eine Schlüsselrolle im Kontext einer inklusionsorientierten Hochschule einnehmen. 13 der 32 bayerischen Beauftragten wurden durch den Sprecher des Netzwerks der bayerischen Beauftragten für SmB auf freiwilliger Basis erfolgreich angeworben und über Telefoninterviews im Zeitraum Juni bis September 2017 befragt. Diese repräsentierten unterschiedliche Hochschulen, sowohl hinsichtlich der Hochschulart als auch -größe. Die 20 interviewten Lehrenden wurden überwiegend durch Fakultätsbeauftragte oder (Studien-) Dekanate zur Teilnahme gewonnen und mussten umfangreiche Lehrerfahrung besitzen (hohes Lehrdeputat, ggf. zentrale Funktion im Studiengangmanagement; Beschäftigungsdauer von mind. einem Jahr). 16 Lehrende waren an einer Volluniversität, vier an Fachhochschulen angestellt. Die Lehrenden wurden zwischen Februar und Mai 2018, mit einer Ausnahme, in ihren eigenen Räumlichkeiten befragt.

Interviewauswertung

Die Interviews wurden digital aufgezeichnet, transkribiert und anschließend über die zusammenfassende qualitative Inhaltsanalyse nach Mayring (2015, S. 70) softwareunterstützt (MAXQDA 12 Standard) analysiert. Im Folgenden wird das Vorgehen der Analyse knapp dargestellt.

Das zu analysierende Material stellten die Transkriptionen der Interviews mit den Beauftragten (n=13) und den Hochschullehrenden (n=20) dar. Diese dienten ebenfalls als Kontext- und Auswertungseinheit. Demografische Fragen wurden häufig mit Stichworten beantwortet, sodass einzelne Worte als kürzeste Kodiereinheit bestimmt wurden. Dementsprechend waren ein Wort bzw. eine Zahl (z.B. Alter) ausreichend, um einer Kategorie zugeordnet zu werden. Für die Zuordnung der restlichen Kategorien waren zumindest Halbsätze notwendig, um Sinneinheiten eindeutig erkennen zu können. Im Rahmen der Interviews kam es häufiger vor, dass die Interviewten innerhalb der Beantwortung einer Frage, einen anderen Themenblock tangierten, sodass diese Aussagen von der jeweiligen Interviewerin zu einem späteren Zeitpunkt wiederholt und von dem/r Befragten in Folge ergänzt wurden. Aus diesem Grund wurden in Einzelfällen Äußerungen der Interviewerin mitkodiert. Doppelkodierungen wurden nicht getätigt.

Die Kodiereinheiten wurden zunächst den am Leitfaden orientierten, deduktiven Kategorien zugeordnet. Jeweils nach der Bearbeitung der ersten fünf Interviews wurden die Kategorien auf ihre Vollständigkeit überprüft. Nach Paraphrasierung und Reduktion wurden hinsichtlich der Beauftrageninterviews „Einstellung" als Unterkategorie zur Oberkategorie „Position" sowie bezüglich der Lehrenden die Kategorien „Einstellung" und „Unterstützung SmB" (jeweils mit Unterkategorien) ergänzt. Zu diesem Zeitpunkt wurde der Leitfaden der Hochschullehrenden zudem um die Frage nach möglichen gewünschten Fortbildungsthemen ergänzt, da diese im Laufe der ersten Gespräche immer wieder aufkam. Obwohl die Erfassung von Einstellung zu Beginn als Zielsetzung formuliert worden ist, wurde dazu keine direkte Frage formuliert, um das Problem der sozialen Erwünschtheit zu reduzieren. Abschließend wurden die kodierten Interviews entsprechend rücküberprüft (Mayring, 2015). Die jeweiligen Kodiermanuale sind dem Anhang (A, B) zu entnehmen.

3.3 Methodik der quantitativen Erhebung

Zu Beginn des Forschungsprojekts wurde die Anwendung eines Online-Fragebogens festgelegt. Hierfür wurde nach bereits bestehenden, validen themenspezifischen Fragebögen gesucht. Aufgrund der mangelnden nationalen Befundlage zur Einstellung von Lehrenden gegenüber SmB (Fisseler, 2016) wurde der Fokus v.a. auf das internationale Setting gelegt.

Ein systematischer Überblick über Instrumente für Studierende, Lehrende und Mitarbeiter/innen zum Thema Hochschule und Behinderung identifizierte 203 geeignete Verfahren und Artikel (Lombardi, Gelbar et al., 2016). Von diesen befassten sich neun Instrumente mit Hochschulmitwirkenden, wobei sich vier speziell auf Lehrende bezogen. Zwei dieser Studien wiesen eine gute Reliabilität und Validität auf (Lombardi & Murray, 2011; Wolman et al., 2004). Als für die Problemstellung besonders geeignet wurde der Fragebogen „Expanding cultural awareness of exceptional learners (ExCEL)" (Lombardi, 2010) erachtet, mit dem die Einstellungen und Wahrnehmungen von Hochschullehrenden gegenüber SmB reliabel und valide gemessen werden kann und der bereits in verschiedenen internationalen Settings eingesetzt wurde (Lombardi, Vukovic & Sala-Bars, 2015).

3.3.1 Messinstrument

Der ExCEL-Fragebogen (Lombardi & Murray, 2011) ist aus drei Bereichen zusammengesetzt. Zunächst werden Daten zur Person erfasst, anschließend die Nutzung von themenspezifischen „Trainings" angesprochen und im dritten Bereich folgen Fragen zu Einstellung und Kenntnissen von Hochschullehrenden gegenüber SmB (Lombardi & Murray, 2011). Hinsichtlich der demografischen Daten wurden Geschlecht, Anstellungsverhältnis, Titel, Fakultät, Beschäftigungsdauer als Lehrende/r, Art der Lehrveranstaltung, Anzahl der Kontakte zu SmB, Alter und Erfahrungen zum Thema Behinderung erfasst. Der Bereich „Weiterbildungen" beginnt mit einem Ranking möglicher Fortbildungsthemen nach Interesse. Es folgt die Frage, ob bereits Fortbildungen besucht bzw. Maßnahmen umgesetzt wurden, und wenn ja, welcher Art und über welchen Zeitraum diese andauerten. Der letzte Teil des Fragebogens umfasst 39 Items auf einer 6-stufigen Likertskala, wobei die Pole von 1= „starke Ablehnung" zu 6= „starke Zustimmung" reichen. Dabei werden die Bereiche NTAe, behinderungsspezifische Gesetze und inklusionsorientierte Unterrichtspraktiken fokussiert

(Lombardi & Murray, 2011). Dieser Bereich wird im Original durch acht Faktoren abgebildet, die 60% der Varianz erklären. Das Cronbachs Alpha aller Variablen liegt bei .88. Die Einzelfaktoren des Originals mit zugehörigen statistischen Kenngrößen sind nachfolgend einzeln aufgeführt:

1) Fairness bei der Bereitstellung von NTA (α= .85, X= 5.09, SD= .63),
2) Wissen im Kontext von Behinderung (α= .82, X= 3.30, SD= 1.08),
3) Bereitschaft Zeit zu investieren (α= .74, X= 4.75, SD= .83),
4) Zugänglichkeit von Kursmaterialien (α= .69, X= 4.81, SD= .79),
5) Leistungserwartungen (α= .65, X= 4.96, SD= .63),
6) Hochschulressourcen (α= .69, X= 4.24, SD= .82),
7) Anpassungen von Kurs- und Leistungsanforderungen (α= .78, X= 3.86, SD= .85) und
8) Barrieren minimieren (α= .70, X= 4.29, SD= .94).

Übersetzung des Fragebogens

Für die Übertragung des Messinstruments ins Deutsche wurde sich an der Übersetzungstechnik von (Banville, Desrosiers & Genet-Volet, 2000) orientiert. Die Items wurden nach einer Hin- und Rückübersetzung von jeweils zwei Expert/innen aus dem Feld mit sehr guten Englischkenntnissen sowohl dem deutschen Sprachgebrauch als auch dem bayerischen Hochschulsystem angepasst.

Im demografischen Bereich wurde „divers" als dritte Auswahl für das Geschlecht hinzugefügt, dahingegen die Antworten zum Arbeitsverhältnis auf „befristet" und „unbefristet" reduziert. Die offenen Fragen nach Alter und Beschäftigungsdauer als Lehrende/r wurden, in Anlehnung an die parallel geführte qualitative Teilstudie, in geschlossene Fragen umgewandelt. Der Bereich der Weiterbildungen wurde ebenfalls überarbeitet und um Fortbildungsthemen ergänzt, die für Lehrende, entsprechend der qualitativen Interviews und der Literaturrecherchen, ebenfalls von Interesse sein konnten. Des Weiteren wurde im Original nach „Training" gefragt, welches Fortbildungen sowie autodidaktische Weiterbildung umfasste. Diese Untergliederung wurde in der deutschen Version in zwei abgegrenzten Fragestellungen aufgegriffen. Innerhalb des dritten Teils des Fragebogens wurden die gesetzlichen Grundlagen entsprechend der deutschen Gesetzeslage modifiziert. Zudem wurde die Reihenfolge der Items, die vorher nach Faktoren ausgelegt war, zufällig angeordnet, um die Reproduzierbarkeit der Originalfaktorstruktur im deutschen bzw. bayerischen Setting anhand einer Substichprobe prüfen zu können.

3.3.2 Vorgehen

Pre-Test

Die grundsätzliche Eignung der Übersetzung für den bayerischen Hochschulkontext wurde von 23 Lehrenden aus unterschiedlichen Fachgebieten einer Volluniversität in einem Pretest geprüft sowie von erfahrenen Hochschulmitarbeiter/innen aus dem Bereich der Empirischen Bildungsforschung kritisch geprüft. Daraus resultierend wurden zur besseren Ver-

ständlichkeit vereinzelte sprachliche Änderungen und nicht eindeutige Begriffszuordnun-
gen für eine breite Hochschulöffentlichkeit präziser formuliert. Insbesondere der Behinde-
rungsbegriff wurde als begrifflich mehrdeutig, aber gleichermaßen notwendig für die Erfassung von Einstellungen zu SmB im Hochschulkontext erachtet. Im Vorwort des Fragebogens wurde spezifiziert, dass unter SmB Studierende mit physischen, psychischen und
chronischen Beeinträchtigungen sowie Lernbeeinträchtigungen gleichermaßen zu verstehen seien.

Die Fragebogenstudie wurde über den, für wissenschaftliche Forschungen kostenfreien,
Onlineanbieter SoSci Survey[9] erstellt. Die Fragestellungen im Online-Bogen waren überwiegend geschlossen, beinhalteten aber in Einzelfällen ein Feld zum Konkretisieren der
Antwort über „Sonstiges". Auf fehlende Angaben der Teilnehmer wurde hingewiesen, diese
konnten aber auch bewusst beibehalten werden, sodass das Überspringen von Fragen möglich war (Petersen, 2014).

Zur Teilnahme wurden die Lehrenden der Projektpartnerhochschulen über eine E-Mail,
versandt im Namen des/r jeweiligen Behindertenbeauftragten und der Hochschulleitung,
eingeladen. Für die Einladungsmails sowie die Erinnerungsmail wurden den Hochschulen
standardisierte Texte zur Verfügung gestellt. Hinsichtlich der Datenauswahl wurden alle
Fälle mit fehlenden Daten ab 30% sowie ab 30% fehlender Werte im letzten Teil des Fragebogens (39 Items) von der Analyse ausgeschlossen (Graham, 2012). Fehlende Werte
(Durchschnitt: 2%, Range: 0%-12%) der Variablen wurden durch Mittelwerte ersetzt (Little
& Rubin, 2002).

Validierung

Zunächst wurden zur Validierung der deutschen Übersetzung des Originalfragebogens explorative (EFA) und konfirmatorische Faktorenanalysen (KFA) genutzt, da nicht nur untersucht werden sollte, inwieweit sich das Originalmodell abbilden lässt, sondern welches
Modell die vorliegenden Daten am besten beschreibt. Hierfür wurde ein erster Überblick
mit einer Teilnehmer/innenzahl von 351 Personen (ca. 10x Itemanzahl) gewonnen. Die
endgültige Validierung erfolgte anschließend zu einem Stichtag mit n=589 Lehrenden. Die
faktoranalytische Eignung wurde über das Kaiser-Meyer-Olkin Kriterium (KMO> .5)
(Cureton & Agostino, 1983) geprüft. Die Extraktion der Faktoren erfolgte über das Kaiser-
Kriterium, die Betrachtung des Screeplots und einer Parallelanalyse. Zur Sicherung einer
optimalen Konsistenz und Stabilität der Faktorstruktur wurden verschiedene Rotations-
verfahren (Varimax, Oblimin und Maximum Likelihood) inklusive des in der Originalstudie verwendeten Oblimin (0,4)-Rotationsverfahrens angewandt (Lombardi & Murray,
2011). Items die uneindeutig auf verschiedene Faktoren luden, wurden über Reliabilitätsanalysen zugeordnet und Ladungen unter .3 ausgeschlossen. Die Faktoren wurden über Re-
gressionsgleichungen errechnet, indem die einzelnen Items entsprechend der Werte ihrer
Koeffizienten-Matrix gewichtet wurden.

Das jeweils entstandene Modell wurde anschließend mittels einer KFA mit dem Originalmodell verglichen (Jackson, Gillaspy & Purc-Stephenson, 2009). Zur Einschätzung der
globalen Güte sowie der Akzeptanz des Modells wurden bei der KFA Standardindizes be-

---

[9] Vgl. https://www.soscisurvey.de/

trachtet (Hu & Bentler, 1999). Zu diesen zählte ein möglichst kleines Chi-Quadrat mit einem Wert zwischen zwei und fünf sowie folgende Indizes mit entsprechenden Cut-off-Werten: CFI (Comparative Fit Index: $\geq$.9), RMSEA (Root Mean Square Error of Approximation $\leq$.08), SRMR (Standardized Root Mean Square Residual $\leq$.08) sowie die Informationskriterien AIC (Akaike Information Criterion) und CAIC (Consistent Akaike Information Criterion) mit möglichst geringen Werten (Hu & Bentler, 1999; Seifried & Heyl, 2016). Zur Überprüfung des Messmodels wurde Cronbachs Alpha für die Faktoren und für alle Items die Inter-Item-Korrelationen ($\geq$ .30; Bortz & Döring, 2002) sowie die korrigierten Item-Skala-Korrelationen ($\geq$.30; Blanz, 2015) berechnet. In Bezug auf die diskriminante Validität wurden die Faktorreliabilitäten und die je Faktor extrahierte Varianz bestimmt (Seifried & Heyl, 2016).

Gesamterhebung

An der Gesamterhebung nahmen insgesamt 1009 Hochschullehrende teil. Von diesen konnten von 807 Teilnehmer/innen ein auswertbarer Datensatz gesammelt werden.

Die Daten der Gesamterhebung wurden zunächst deskriptiv dargestellt und anschließend inferenzstatistisch untersucht. Hierfür wurden die Daten der ersten zwei Bereiche des Fragebogens („Daten zur Person" und „Weiterbildung") mit den faktoranalytisch erzeugten Faktoren in Verbindung gebracht. Je nachdem ob Normalverteilung vorlag, wurden parametrische (ANOVA) oder nicht-parametrische (Mann-Whitney-U) Testverfahren eingesetzt. Die Bestimmung von Effektstärken zwischen Subgruppen (z.B. „Alter": <35J.; 36-50J.; >50J.) erfolgte über Cohen's d (Cohen, 2013; Lenhard & Lenhard, 2016). Im Folgenden werden nur signifikante Ergebnisse ($p < 0.05$) mit Effektstärken über d= .2 aufgeführt. Alle statistischen Berechnungen erfolgten mit Hilfe von SPSS Statistics 25 und R (3.3.3).

4 Ergebnisse

4.1 Qualitative Erhebungen

4.1.1 Ergebnisse der Interviews der Beauftragten

Innerhalb dieses Kapitels erfolgt die Darstellung der Ergebnisse der Interviews der n=13 Beauftragten bzw. Berater/innen, die zwischen 13 und 49 Minuten ($\varnothing$ 33 Min.) andauerten.

Es wurden vier Oberkategorien mit bis zu sieben Unterkategorien kodiert (Abb. 2). Diese werden im Anhang A (S. 80) mit Ankerbeispielen aus den Expert/inneninterviews sowie entsprechenden Definitionen aufgeführt. Die Zitate wurden zur besseren Lesbarkeit geglättet, sodass bspw. „äh" entfernt wurde. Um eine anonymisierte Quellenangabe anzugeben, wurden die Interviews zufällig nummeriert und entweder mit „I Nummer-B" mit „B" für Beauftragte/r oder „I Nummer-L" mit „L" für Lehrende/r angegeben.

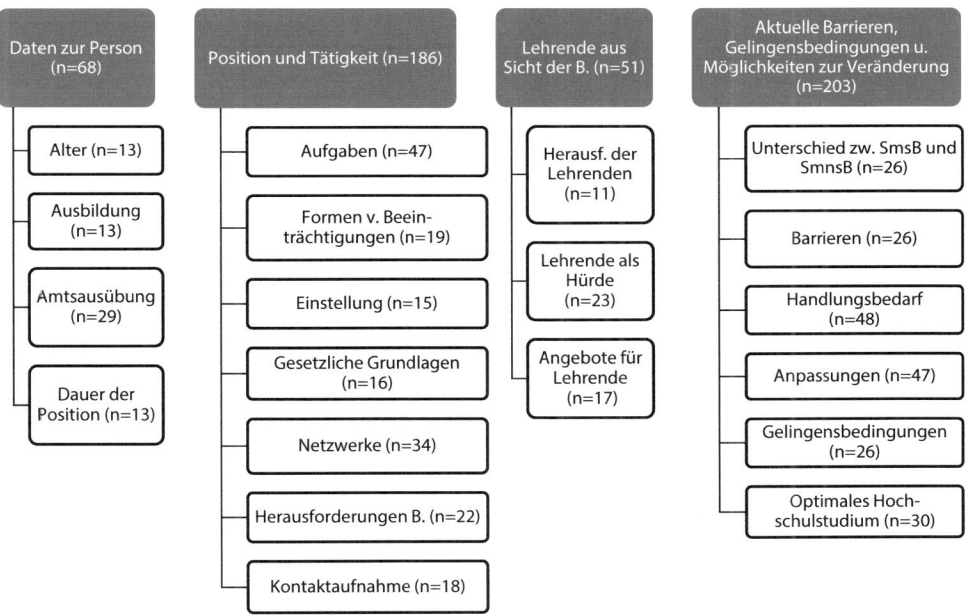

Abbildung 2: Verteilung der Kodierungen nach Kategorien (Beauftragte). Abk.: B.= Beauftragte, Herausf.= Herausforderungen

Anhand der Interviews konnte die in Abbildung 2 dargestellte Verteilung der Kodierungen gewonnen werden. In Summe konnten 508 Kodierungen generiert werden. Dabei variierte die Verteilung zwischen den Oberkategorien z.T. stark wie z.B. zwischen „Lehrende aus Sicht der Beauftragten" (n=51) und „Aktuelle Barrieren, Gelingensbedingungen und Möglichkeiten zur Veränderung" (n=203). Diese Diskrepanz ergab sich u.a. aus der stark variierenden Anzahl der Unterkategorien. Die am stärksten repräsentierten Unterkategorien waren: „Aufgaben", „Netzwerke", „Handlungsbedarf" und „Anpassungen". Die „Herausforderungen der Lehrenden" wiesen hingegen die geringste Anzahl an Kodierungen auf, sodass die Befragten sich diesbezüglich entweder bedeckt hielten oder sich Lehrende nur bedingt an die Beauftragten zu wenden schienen.

Um die Anzahl der Aussagen, auch zu den jeweiligen Unterkategorien, interpretieren zu können, wird im Anschluss an die Beschriftung der Unterkategorie aufgeführt, wie viele der 13 Beauftragten sich diesbezüglich äußerten, sodass z.B. *Aufgaben (B=13)* beschreibt, dass hierzu alle Interviewten etwas sagten. Wurden bestimmte Inhalte mehrfach genannt, wird dies mit (n=xx) wiedergegeben.

Daten zur Person

Zu den diesbezüglichen Unterkategorien wurde jeweils eine Aussage pro Beauftragten generiert, mit Ausnahme der Kategorie „Amtsausübung" mit 29 Kodierungen. Die Interviewpartner/innen waren zwischen 30 und 64 Jahre alt (<35J.: n=3; 36-50J.: n=3; >50J.: n=7). Hinsichtlich der Dauer der Position, gaben fünf Personen an, die Position weniger als vier Jahre auszuüben, während eine Zeitspanne von vier bis acht Jahren typisch war. Die akademischen Ausbildungen wurden zumeist in einem sozialen (n=5) oder wirtschaftswissenschaftlichen Arbeitsfeld (n=4) absolviert. Im Rahmen der Interviews wurden insgesamt drei hauptamtliche Berater/innen und zehn Beauftragte befragt, die das Amt zusätzlich zur Lehre als Ehrenamt ausübten, wofür fünf eine Deputatsermäßigung erhielten. Spezielle Finanzpositionen für Sachmittel waren in den meisten Fällen nicht vorhanden, weshalb Anschaffungen einzeln beantragt und genehmigt werden mussten. Sofern eigene finanzielle Mittel vorhanden waren (n=4), fielen diese eher gering aus (max. 6.000€), wobei individueller Spielraum gegeben war.

Position und Tätigkeit

Aufgaben (B=13). Die Kernaufgaben wurden verhältnismäßig einheitlich beschrieben: „Studenten bei dem Antrag auf NTA zu beraten und zu begleiten" (I12-B). Ein weiterer wichtiger Aspekt, der genannt wurde, war die Zeit „. . . vor dem Studium. Da ist es hauptsächlich Informationsweitergabe, wie man sich bewerben kann, welche Sonderanträge es gibt zur Bewerbung, eben den Härtefallantrag oder Verbesserung der Durchschnittsnote, der Wartesemester" (I5-B). Der Hinweis auf Beratungsstellen bzw. den/die Beauftragte/n schien auch während des Semesters von Bedeutung. Letztendlich ging es v.a. darum, die „Studienmöglichkeiten dahingehend zu beeinflussen, dass die Nachteile, die sie eben haben, kompensiert werden können" (I9-B). Diesem Vorhaben folgten nach Aussage der Beauftragten jedoch nicht alle Mitwirkenden einer Hochschule, sodass „Sensibilisierung, Aufklärung, Fortbildung" (I3-B) klar zum Aufgabenbereich der Beauftragten gezählt wurden. Lediglich in einem Fall wurde neben diesen Tätigkeiten „. . . auch die politische Arbeit, die sehr wichtig ist" (I1-B) genannt. Vereinzelt wurden zudem Beratung beim Bau neuer (barrierefreier) Gebäude sowie Ortsbegehungen mit Studierenden mit Mobilitätsbeeinträchtigungen als Aufgaben aufgeführt. Sofern an den Hochschulen keine zusätzlichen Beratungs- und Unterstützungsangebote für SmB existierten, gehörte die Beratung mit zum Tätigkeitsprofil des/der Beauftragten. Insgesamt gab es an vier der 13 befragten Hochschulen diesbezüglich weitere Beratungsangebote für SmB. Zusammenfassend wurde geäußert: „Wir machen keine therapeutische oder psychologische Beratung, sondern letztendlich eine organisatorische Beratung rund um das Thema Studium mit Behinderung oder chronischer Krankheit und informieren die Leute eben über ihre Rechte und Pflichten und Wege und Möglichkeiten" (I4-B).

Formen von Beeinträchtigungen (B=12). Zur Frage mit welchen vorliegenden Beeinträchtigungen Studierende an die Beauftragten herangetreten sind, wurden psychische bzw. nicht-sichtbare Beeinträchtigungen am häufigsten genannt. Meist waren die Interviewten in der Lage, eine sehr ausführliche Aufzählung der Beeinträchtigungen anzugeben. Eine detaillierte Darstellung der diesbezüglichen Nennungen im Vergleich zu Lehrenden ist Tabelle 2 zu entnehmen. Die Zuordnung und Bezeichnung der spezifischen bzw. übergeordneten Beeinträchtigungen erfolgte nach den wörtlichen Aussagen der Interviewten. Aufgeführt wird, wie oft die Beeinträchtigungsform genannt wurde, mit dem Hinweis, dass insbesondere bei psychischen Beeinträchtigungen überwiegend von einer Vielzahl an Studierenden gesprochen wurde, wohingegen bspw. Gehbeeinträchtigungen vereinzelt benannt wurden.

Einstellung (B=9). Im Rahmen der Interviews wurde die Einstellung der Befragten zum Thema „Studium und Behinderung" implizit bzw. meist unterschwellig deutlich. Häufig waren die Befragten emotional involviert. Verpassten SmB Fristen, da sie Hemmungen hatten über ihre Beeinträchtigung zu sprechen, „. . . das ist dann sehr schade" (I5-B), konnte aber bspw. ein NTA gemeinsam durchgesetzt werden „. . . was mich dann natürlich freut" (I1-B). Die Beauftragten versuchten ihre Position im Rahmen ihrer Möglichkeiten so gut wie möglich umzusetzen und verfolgten einheitlich das Ziel einer inklusionsorientierten Hochschulbildung. Häufig wurde das Amt des/der Behindertenbeauftragten als sehr wichtig beschrieben, wobei darauf verwiesen wurde, dass Hochschulen lediglich einen Beitrag leisten können und das Ziel eine inklusionsorientierte Gesellschaft sei. Hierzu wurde allerdings auch die Sorge geäußert, dass andere mitwirkende Akteur/innen ihre aktuell positive Haltung zur inklusionsorientierten Hochschule ändern könnten, sofern die Anzahl der NTAe weiterhin stark zunehme.

Gesetzliche Grundlagen (B=13). In ihrem Tätigkeitsbereich orientierten sich die Beauftragten an unterschiedlichen gesetzlichen Grundlagen, wozu nur in einem Fall ausschließlich hochschulspezifische Vorgaben zählten. Die übrigen Zwölf nannten Bestimmungen auf (inter-)nationaler Ebene und Landesebene: UN-BRK, Menschenrechte, Grundgesetz, Hochschulrahmengesetz, HRK-Empfehlung, Bayerisches Hochschulgesetz, Grundordnung der Hochschule, Gleichstellungsgesetz und hochschulspezifische Prüfungsordnungen. Allerdings müsse den gesetzlichen Grundlagen nicht immer große Aufmerksamkeit gewidmet werden: „Es gibt Grundverständnis an der Hochschule, sodass wir eigentlich über die Paragrafen gar nicht viel reden müssen" (I4-B).

Netzwerke (B=13). Die Frage, ob ein themenspezifisches Netzwerk existiere, wurde in fast allen Fällen bejaht (B=12) und interne oder externe Netzwerkpartner/innen angeführt. Dabei war auffällig, dass nur in seltenen Fällen beide Netzwerkarten benannt wurden. Wurden Netzwerke beurteilt, dann stets positiv: „. . . also da arbeiten wir eigentlich ganz gut zu-

Tabelle 2: Beeinträchtigungsformen (benannt von Lehrenden und Beauftragten)

Beeinträchtigungsform	Lehrende (n=20)	Beauftragte (n=13)
ADS/ADHS	2	3
Chronische Erkrankung	/	3
Chronische Hepatitis	/	1
Degenerative Erkrankung	1	/
Epilepsie	1	2
Glasknochenkrankheit	/	1
Krebserkrankung	2	2
Morbus Crohn	/	3
Rheuma	/	2
Spina Bifida	/	1
Tumorerkrankung	/	3
Multiple Sklerose	1	3
Essstörung	1	1
Gehbeeinträchtigung	7	11
Hörbeeinträchtigung	2	10
Kleinwüchsigkeit	2	/
Lernbeeinträchtigung	1	/
Legasthenie	6	6
Dyskalkulie	/	1
Motorische Beeinträchtigung	3	3
Psychische Beeinträchtigung	9	4
Angststörung	2	4
Autismus	4	1
Depression	3	5
Hochsensibilität	/	1
PTBS	/	1
Schizophrenie	/	1
Burn Out/ Stress	1	2
Sehbeeinträchtigung	4	10
Sprechbeeinträchtigung	1	2
Tourette-Syndrom	1	/
Unspezifisch	/	/
Assistenz benötigt	1	/
Probleme beim Sitzen	1	/
Schwerbehinderung	1	/
Verletzung nach Unfall/OP	4	1
Summe	61	88

sammen. Ja, muss man sagen!" (I3-B). Die Kontakthäufigkeit variierte allerdings stark zwischen einer Kontaktaufnahme bei Bedarf, regelmäßigen Treffen (bis zu zwei Mal pro Semester) bis hin zu „Also ich habe zum Beispiel einen Psychologen an meiner Seite, mit dem ich mich regelmäßig auch, ich sage mal, zur Supervision treffe" (I1-B). Die genannten hochschulinternen Netzwerke agierten auf verschiedenen Hochschulebenen. In diesem Kontext wurden die Hochschulleitung, Fach- und Studienberatung, Gleichstellungsbeauftragte und das Studentenwerk als Netzwerkpartner aufgezählt. Die erwähnten externen Netzwerke enthielten Beratungsstellen, Kliniken, Behindertenverbände, andere Hochschulen, Bauämter, Sozialdienste, politische Parteien, das Bayerische Kultusministerium und das Netzwerk der bayerischen Beauftragten für SmB.

Herausforderungen Beauftragte. (B=13). Mit ihrer Position verbanden die Beauftragten vielfältige Herausforderungen. Vereinzelt hieß es: „als Herausforderung ist einfach die tägliche Arbeit zu meistern" (I9-B) oder es wurde allgemein der richtige Umgang mit unterschiedlichsten „Barrieren" (n=11) genannt, ohne diese weiter zu spezifizieren. In diesem Kontext wurden Studierende mit psychischen Beeinträchtigungen, aufgrund diesbezüglicher mangelnder Kompetenzen seitens der Beauftragten, ebenfalls häufiger explizit erwähnt. Ein Beispiel hierfür waren Suizidabsichten, auf die jedoch mithilfe eines funktionierenden Netzwerks (bestehend aus themenspezifischen Expert/innen, teils aus dem privaten Umfeld) eingegangen werden konnte. Hemmungen der psychisch beeinträchtigten Studierenden, sich zu offenbaren oder um Hilfe zu bitten, wurden ebenfalls als problematisch erachtet. Selbst bei Inanspruchnahme, schien es für diese Studierenden dennoch schwer „. . . Termine auszumachen und einzuhalten" (I2-B), obwohl „eine gewisse Mitarbeit erforderlich [ist], der Studierende dann teilweise nicht nachkommen" (I1-B). Nicht zuletzt wurden strukturelle Voraussetzungen der Position (enges Zeitbudget, kaum personelle Kapazitäten, komplizierte Administration) als herausfordernd beschrieben. Von einem/r Interviewten wurde die Aussage getroffen, dass er/sie bisher allen Herausforderungen gewachsen war.

Kontaktaufnahme (B=12). Die Beauftragten gaben an, dass Studierende Kontakt über E-Mail, Telefon und eine offene (anonyme) Sprechstunde aufnehmen können. Über die themenspezifischen hochschuleigenen Angebote wurden die Studierenden über Dritte (z.B. allgemeine Studienberatung, Lehrende), Hochschulveranstaltungen (z.B. „Ersti-Tage"), Informationsmaterial (Flyer) oder die hochschuleigene Website informiert. Ein/e Beauftragte/r berichtete davon, dass es eine hochschulinterne, geschlossene Gruppe auf Facebook gäbe, in der beeinträchtigte Studierende (anonym) Fragen an ihn/sie und andere SmB stellen und sich austauschen könnten.

Die Häufigkeit der Inanspruchnahme der Beratung variierte stark, wobei sich die Befragten bezüglich der Hochzeiten (Beginn und Ende eines Semesters) einig waren. Lediglich zwei Befragte konnten dazu konkrete Zahlen nennen, die von 111 persönlichen Beratungen im letzten Jahr bis zu 37 Beratungen innerhalb von ca. sieben Monaten (ohne Mehrfachberatungen) reichten. Auffällig waren die unterschiedlichen Aussagen zu den Mehrfachbesuchen von: „. . . ich würde sagen, mehr als die Hälfte läuft mit einer Beratung ab" (I10-B), bis hin zu „. . . es steht nicht wahnsinnig viel an, aber das, was dann kommt, ist relativ beratungsintensiv. Die kommen immer wieder" (I6-B). Als mögliche Erklärung hierzu wurden zum Teil die unterschiedlichen Beeinträchtigungsformen angeführt:

„. . . man muss da aber auch wieder differenzieren zwischen, ich sag mal, Studierenden mit einer Sehbehinderung oder Rollstuhlfahrern. Die wissen eigentlich genau,
was sie brauchen. Problematischer wird es bei Studierenden mit psychischen Beeinträchtigungen, die auch häufiger in Beratung kommen, ja auch regelmäßig." (I1-B)

Lehrende aus Sicht der Beauftragten

Herausforderungen der Lehrenden (B=10). Es bestand die Befürchtung, dass sich nicht alle
Lehrenden trauen würden, Fragen zu stellen, denn „. . . wenn man gegen Behinderte argu-
mentiert, man sowieso immer auf der falschen Seite steht sozusagen" (I4-B). Nachfragen sei
aber wichtig, da sich im Austausch mit Lehrenden zeige, dass mangelndes Wissen über verschiedene Formen von Beeinträchtigungen und dem entsprechenden Umgang vorläge. Insbesondere die Unsicherheit, ob Lehrende Studierende auf Verdacht einer Beeinträchtigung
ansprechen sollten, wurde genannt. Ein weiterer Aspekt der als Herausforderung kommu-
niziert wurde, war der Mehraufwand für Lehrende, wobei nicht unbedingt deutlich wurde,
ob dieser tatsächlich entsteht oder die Probleme „. . . in der Regel keine real existierenden
Probleme, sondern Ängste" (I3-B) waren. Eine inklusionsorientierte Gestaltung der Lehrveranstaltungen sahen Lehrende mit einem erhöhten Zeitaufwand verbunden, der aus ihrer
Perspektive, nicht genügend Wertschätzung erhielt, was häufig zu Demotivation der Lehrenden führte.

   Lehrende als Hürde (B=13). Die Frage, ob Lehrende als Hürde für SmB wahrgenommen
würden, wurde vorrangig verneint: „Es sind vielleicht 10, 15 Prozent der Lehrenden. Aber
der ganze Rest ist sehr wohlgesonnen, sehr unterstützend, nur teils leider sehr unbeholfen.
Es gibt leider immer ein paar die uneinsichtig sind, aber das ist eindeutig die Minderheit"
(I6-B). Insbesondere jüngere Kollegen wurden als dem Thema zugänglicher beschrieben.
Diesbezügliche Problemlagen könnte es allerdings am wahrscheinlichsten mit Dozent/in-
nen von SmnsB geben. Ein/e Interviewpartner/in merkte an, dass Lehrende, die eine Hürde
für SmB darstellten, häufig für alle Studierenden problematisch waren. Zudem wurde Leh-
renden aus wirtschaftlichen Studiengängen weniger Verständnis zugesprochen, als bspw.
aus dem sozialwissenschaftlichen Bereich. Auch wenn der Großteil der Lehrenden nicht als
Hürde angesehen wurde, wurde dennoch der Wunsch geäußert, dass themenspezifische
Weiterbildungsangebote seitens der Lehrenden vermehrt wahrgenommen werden sollten.

   Angebote für Lehrende (B=12). Zwei Beauftragte gaben an, dass es an ihren Hochschulen
keine themenspezifischen Weiterbildungsangebote für Lehrende gäbe. Bei den Anderen
wurden entsprechende Angebote intern durchgeführt (n=6), externe Referent/innen gela-
den oder Angebote Dritter (z.B. anderer Beratungsstellen) wahrgenommen (n=5), in Einzelfällen auch mit Studierenden als Teilnehmer/innen. Die Häufigkeit solcher Angebote variierte stark von Angeboten bei Bedarf bis hin zu einem regelmäßigen Angebot. Als behan-
delte Themen wurden v.a. barrierefreie Lehre (n=5), NTA (n=3), psychische Beeinträchtigungen bei Studierenden (n=5) und damit implizit Sensibilisierungsmaßnahmen erwähnt.

Aktuelle Barrieren, Gelingensbedingungen und Möglichkeiten zur Veränderung

Unterschied zw. SmsB und SmnsB (B=13). SmnsB schienen laut der Beauftragten mehr
Hemmungen zu haben eine Beeinträchtigung zu offenbaren (n=4) und nahmen schlechter
Hilfe an (n=2). Die Beratung, insbesondere für psychisch beeinträchtigte Studierende,

wurde als zeitintensiver und schwieriger (n=3) beschrieben, woraus sich mit der Zunahme von Studierenden mit psychischen Beeinträchtigungen ein erhöhter Beratungsbedarf ergab. Während SmsB ihre Rechte einforderten und ihren Bedarf eigenständig formulierten, war dies laut der Befragten für SmnsB, insbesondere mit psychischen Beeinträchtigungen, deutlich schwieriger. „Bei den psychischen Erkrankungen habe ich in der letzten ein, zwei Jahren beim Prüfungsausschuss etwas mehr Sensibilität schaffen müssen, dass die genauso bedeutend sind, wie sichtbare Behinderungen" (I2-B). Laut Aussage der Befragten, stieß eine sichtbare Beeinträchtigung auf eine positivere Haltung des Umfeldes, als eine nicht-sichtbare Beeinträchtigung. In diesem Kontext äußerte ein/e Interviewpartner/in: „Also ich würde sagen, je sichtbarer die Behinderung, desto höher die Chance auf eine verständnisvolle Haltung zu treffen" (I3-B).

Als ein weiterer relevanter Unterschied erschien der Zeitpunkt des Erwerbs der Beeinträchtigung. Studierende mit einer angeborenen physischen Beeinträchtigung wiesen laut der Beauftragten ein stärkeres Selbstbewusstsein auf, wohingegen physische oder auch psychische Beeinträchtigungen, die erst im Verlauf des Studiums erworben wurden, mit sehr viel Unsicherheit einher gingen.

Barrieren (B=13). Im Kontext aktueller Barrieren wurden mehrheitlich bauliche Barrieren an älteren, teilweise denkmalgeschützten, Hochschulgebäuden genannt (n=6). Neben den baulichen Barrieren wurde auch Zeitmangel z.B. zur Unterstützung von SmB als Barriere angeführt. Die Beauftragten übten ihr Amt neben der Lehre ehrenamtlich aus und kamen grundsätzlich nicht mit der, sofern überhaupt gegeben, Deputatsermäßigung aus. Als weitere Barriere wurde die mangelnde Präsenz des Themas im Hochschulsetting angeführt, insbesondere an Hochschulen mit einer geringen Quote an SmB. Auch die Bologna-Reform wurde als Barriere identifiziert, mit der Begründung, dass sie Studienflexibilität versage, die v.a. SmB für sich dringend in Anspruch nehmen könnten. Teilweise wurde auch das Verhalten der SmB selbst angeführt, weil sie „. . . eben sehr dominant und sehr resolut auftreten" (I10-B) und dadurch eine angespannte Atmosphäre erzeugten, oder nicht immer stringent handelten: „. . . die versuchen es relativ lang irgendwie zu schaffen, ohne irgendeinen Antrag auf NTA, weil sie eben, in Anführungsstrichen keine Vorteile oder ihnen keine Vorteilsnahme vorgeworfen werden sollte" (I5-B). Neben der Haltung der Studierenden wurde auch die Einstellung der Hochschulmitwirkenden als mögliche Barriere benannt.

Handlungsbedarf (B=13). Vereinzelt wurde hierzu auf (optisch) warnende Feuermelder sowie die Entwicklung von Leitsystemen zur Orientierung hingewiesen, zudem auf zusätzliche Ruheräume und behindertengerechte Wohnungen. Auch der rechtliche Rahmen für die Hochschulpraktiken war für einige Befragte nicht konkret genug und erschien überarbeitungswürdig. Hierzu wurde v.a. die konkretere Verankerung des Amtes des/r Beauftragten für SmB im Hochschulsystem thematisiert, außerdem wurden spezielle Situationen benannt, bspw.: „. . . im Bereich ‚Studiengang', wo laut Prüfungsordnung kein Laptop für manche NTAe benutzt werden darf. Das heißt, es gibt zum Beispiel die Möglichkeit von Diktat, aber wer bezahlt die Person?" (I4-B). Auch hinsichtlich NTAe wurden Handlungsbedarfe gesehen, da laut Beauftragten die Anzahl der Anträge auf ein Maß gestiegen sei, dass längerfristig nicht ohne System bearbeitet werden könne, weshalb mitunter der Wunsch einer „Servicestelle NTA" (I12-B) zum Ausdruck gebracht wurde. In diesem Zusammenhang erfolgte die Kritik, dass angemessene Anpassungen rechtlich nicht ausreichend definiert würden, woraus einige Verunsicherungen resultierten. Als ein weiterer Handlungsbedarf wurde die (Härtefall-)Quote für Bewerber/innen mit Beeinträchtigung angeführt, die als zu niedrig betrachtet wurde.

Des Weiteren gab es übergeordnete Aspekte, die mehrheitlich Beachtung fanden. Zu diesen zählten zusätzliche Ressourcen (Sachmittel, Personal, Finanzen allgemein), um die Hochschulen inklusionsorientierter gestalten zu können. Um allgemeine Barrieren im Hochschulkontext abbauen zu können, sei es ferner notwendig, stetig zu sensibilisieren und miteinander zu kommunizieren. Im Zusammenhang mit NTAen erschienen den Beauftragten sowohl rechtliche als auch allgemeine Fragen weiterhin offen, weshalb in diesem Kontext alle Hochschulakteur/innen mehr Informationen erhalten sollten. Zudem wurde eine übergreifende Struktur für eine inklusionsorientierte Hochschule sowie ein grundlegendes Umdenken/Weiterdenken aller beteiligten Hochschulakteur/innen als Handlungsbedarf zum Ausdruck gebracht. Ein/e Interviewpartner/in äußerte den Gedanken, dass die vollständige Umsetzung der bestehenden Gesetze allein schon zu einer inklusionsorientierteren Hochschule führen könne.

Anpassungen (B=13). In erster Linie wurden bauliche Anpassungen oder barrierefreie Neubauten genannt (n=5). Eine verstärkte Auseinandersetzung mit NTAen und eine Standardisierung der notwendigen Antragsverfahren wurden ebenfalls angeführt (n=3). Als weitere Anpassungen galten technische Hilfsmittel (n=3), die da waren: Formelsammlung für Studierende mit Sehbehinderung, barrierefreies Lernmanagement-System, flexible Skriptformen sowie Funkanlagen und Transponder. Zusätzlich wurden Sprachdolmetscher/innen und Mentor/innen genannt. In Bezug auf die Hochschulstrukturen wurden bisherige Veränderungen in der allgemeinen Studien- und Prüfungsordnung beschrieben, wodurch z.B. Prüfungsformen flexibler gestaltet werden könnten. Des Weiteren wurde die notwendige Möglichkeit zur Semesterteilzeit an einzelnen Hochschulen als sinnvolle Anpassung angeführt. In einem Fall wurde zudem ein Studiengang für das Dolmetschen von Gebärdensprache eingeführt, der Gebärdensprachkurse an der Hochschule ermöglicht und ein neues Bild von Beeinträchtigung an der Hochschule präsentiert. Nicht zuletzt wurden seitens der Beauftragten eigens entwickelte Handreichungen angeführt (n=5). Als weitere positive Entwicklung wurde der gesteigerte Bekanntheitsgrad des Beratungsangebots, auch bei Dritten, angesprochen sowie eine Verbesserung der „Kommunikation zwischen den beteiligten Akteuren" (I4-B) als wichtige Anpassung wahrgenommen.

Gelingensbedingungen (B=13). In Bezug auf Gelingensbedingungen, die SmB ein erfolgreiches Hochschulstudium ermöglichen können, zeichnete sich ein relativ übereinstimmendes Bild diesbezüglicher Aussagen ab. „Das Wichtigste ist, dass Leute an die Hochschule kommen" (I4-B), die in Folge auftretenden Schwierigkeiten wurden als lösbar angesehen. Ergänzend dazu wurde ein adäquates und niederschwelliges Beratungs- und Unterstützungsangebot am häufigsten als Gelingensbedingung angegeben (n=5). Die Beauftragten betonten, dass stets sensibilisiert und aufgeklärt werden müsse, z.B. durch Informationsveranstaltungen an der Hochschule. Als weitere Gelingensbedingung „. . . sehe ich den Prozess, immer wieder ein wachsames Auge darauf zu haben, zu sagen, wie kann man das weiter verbessern" (I10-B). Eine grundlegende Bereitschaft mit und für betroffene Studierende zu arbeiten, wurde ebenfalls als ein wichtiger Faktor (n=4) gesehen. Den Befragten erschien eine gewisse Offenheit notwendig, sodass die beeinträchtigten Studierenden ihre

Bedürfnisse zum Ausdruck bringen und benötigte Unterstützung erhalten könnten (n=3). Die benötigte Unterstützung sahen einige der Befragten (n=3) im individuellen NTA. Dabei erschien es ihnen wichtig, bedarfsorientiert zu handeln.

Als ein weiterer wichtiger Faktor für einen erfolgreichen Hochschulbesuch für SmB wurde die Vernetzung der Studierenden (untereinander) angesehen. Diese könne selbstorganisiert oder durch Beratungsstellen angestoßen werden:

> „. . . zu wissen, dass es Netzwerk[e] gibt, habe ich den Eindruck, erhöht das Vertrauen in sich selbst und die Fähigkeit, selbst zu agieren, selbstbestimmt zu agieren. Also das Netzwerk ist sozusagen keine Minimierung von Selbstbestimmung, sondern eher sozusagen Ermöglichungsfaktor." (I7-B)

Die Netzwerke dienten laut der Beauftragten sowohl dem Austausch als auch dem generellen Anschluss und somit dem Ziel, ein Studierendenleben wie Studierende ohne Beeinträchtigung führen zu können. Teilweise wurden auch Eltern als Teil des Netzwerks eines/r Studierenden benannt, deren „Teilhabe" an einem Beratungsgespräch als positiv wahrgenommen wurde: „Ich habe so den Eindruck, wenn die Eltern beruhigt sind, dann sind auch die betroffenen Studierenden irgendwie beruhigt" (I7-B). Zusätzlich wurden auch eine möglichst barrierearme Hochschule sowie ausreichende Ressourcen, v.a. finanzielle Mittel, als wichtige Gelingensbedingungen angeführt. Zu den Ressourcen wurde nicht zuletzt ein vielfältiges Hilfsmittelangebot gezählt.

Optimales Hochschulstudium (B=13). Zwei der befragten Personen waren mit ihren aktuellen Gegebenheiten zufrieden. Als einzig mögliche Verbesserung wurde von ihnen zusätzliches Personal genannt (n=2). Die anderen Befragten hatten konkrete Vorstellungen und Ideen dazu, wie ihre Position gestaltet werden könnte, um ein optimales Hochschulstudium für SmB ermöglichen zu können. Zusätzliches Personal, mehr finanzielle Möglichkeiten oder eine eigene Finanzposition wurden in den meisten Idealvorstellungen angegeben (n=8). Ebenso wurde der Wunsch nach einer höheren Deputatsermäßigung geäußert, um mehr Zeit für die Position des Beauftragten und damit für die SmB aufwenden zu können (n=2) bzw. einer Deputatsreduktion für Lehrende, sodass sie in die Lage versetzt würden, sich verstärkt mit behinderungsspezifischen Bedürfnissen auseinanderzusetzen und diese in ihre Lehre zu integrieren (n=1). Eine Ausweitung der vorhandenen Beratungsangebote (n=2), die Gleichstellung mit den Frauenbeauftragten der Hochschulen, mehr Einfluss in Entscheidungsgremien, eine bessere Informationsstruktur und andere Prüfungsformen wurden ebenfalls als optimierende Veränderungen gesehen. Nicht zuletzt wurde ein kontinuierliches Hochschulbemühen, hin zu einer inklusionsorientierten Hochschule und damit verbundene Standards oder Handreichungen erwähnt:

> „Leitfäden sind dann schon immer eine Hilfestellung. Wenn man sieht, wie läuft es zum Beispiel wo anders ab oder was gibt es vielleicht auch für Gerichtsentscheidungen für genau solche Fälle. Dass man was Verbindliches hat, wo man dann auch gute Argumente an der Hand hat, um den eigenen Standpunkt oder den des Studenten nachhaltiger vertreten zu können." (I10-B)

Zusammenfassend kann festgehalten werden, dass sich der Großteil der Beauftragten (eher) emotional involviert fühlte und versuchte die Position, im Rahmen der Möglichkeiten, so gut wie möglich umzusetzen. Dabei verfolgten sie neben dem Ziel einer inklusionsorientierten Hochschulbildung, das einer ebensolchen Gesellschaft. Der Wissensstand in Bezug auf Gesetzesgrundlagen, Formen von Beeinträchtigungen und vorhandener Barrieren wies ein hohes Niveau auf.

4.1.2 Ergebnisse der Interviews der Lehrenden

Im Vergleich zu den Interviews der Beauftragten variierten die Interviews der Lehrenden ebenfalls stark in der Dauer und lagen zwischen 14 und 69 Minuten ($\emptyset$ 30 Min.).

Es ergaben sich sieben Oberkategorien mit jeweils drei bis sechs Unterkategorien (Abb. 3). Die Definitionen der Kategorien sind im Anhang B (S. 82) dargestellt und mit geglätteten Zitaten aus den Interviews unterstützt. Die Quellenangabe erfolgt hierbei in anonymisierter Form (I Nummer-L).

Insgesamt wurden 799 Kodierungen generiert. Zu den drei stärksten Oberkategorien zählten „Kenntnisse zu und Wahrnehmung von SmB" (n=172), „Unterstützung SmB" (n=144) und „Unterstützung Lehrende" (n=118). Die ersten zwei Kategorien umfassten fünf und die letzte vier Unterkategorien. „Kenntnisse zu und Wahrnehmung von SmB" war die meist thematisierte Oberkategorie. Die anderen Kategorien wurden ähnlich häufig angesprochen, bis auf „Barrieren" und „Einstellung". Die Kategorie mit den wenigsten Kodierungen war die der „Einstellung".

Daten zur Person
Die Befragten waren zwischen 26 und 65 Jahre alt (<35 Jahre, n=3; 35-50 Jahre, n=7; >50 Jahre, n=10). Die absolvierten Ausbildungen der Lehrenden konnten stets den Bereichen zugeordnet werden, in denen sie zum Zeitpunkt der Befragung tätig waren. In Tabelle 3 ist die Verteilung der Lehrenden nach Fakultäten dargestellt. Zehn der Lehrenden waren promoviert und jeweils fünf waren wissenschaftliche Mitarbeiter/innen oder Professor/innen. Mehr als zwei Drittel (n=14) waren seit über zehn Jahren an der Hochschule beschäftigt (<3 Jahre, n=1; 3-5 Jahre, n=1; 6-10 Jahre, n=3). Bezüglich des Lehrdeputats wies nur eine Person ein Lehrdeputat von unter 5 SWS auf (5-10 SWS, n=9; > 10 SWS, n=10). Neun der Lehrenden betreuten vorrangig Studierende für das Staatsexamen (S, n=7) oder den Bachelorabschluss (BA, n=2), die restlichen elf arbeiteten mit Studierenden mit unterschiedlichen Abschlusszielen (BA/MA, n=5; S/BA, n=2; S/BA/MA, n=4). Drei Lehrende waren nicht in Vollzeit tätig.

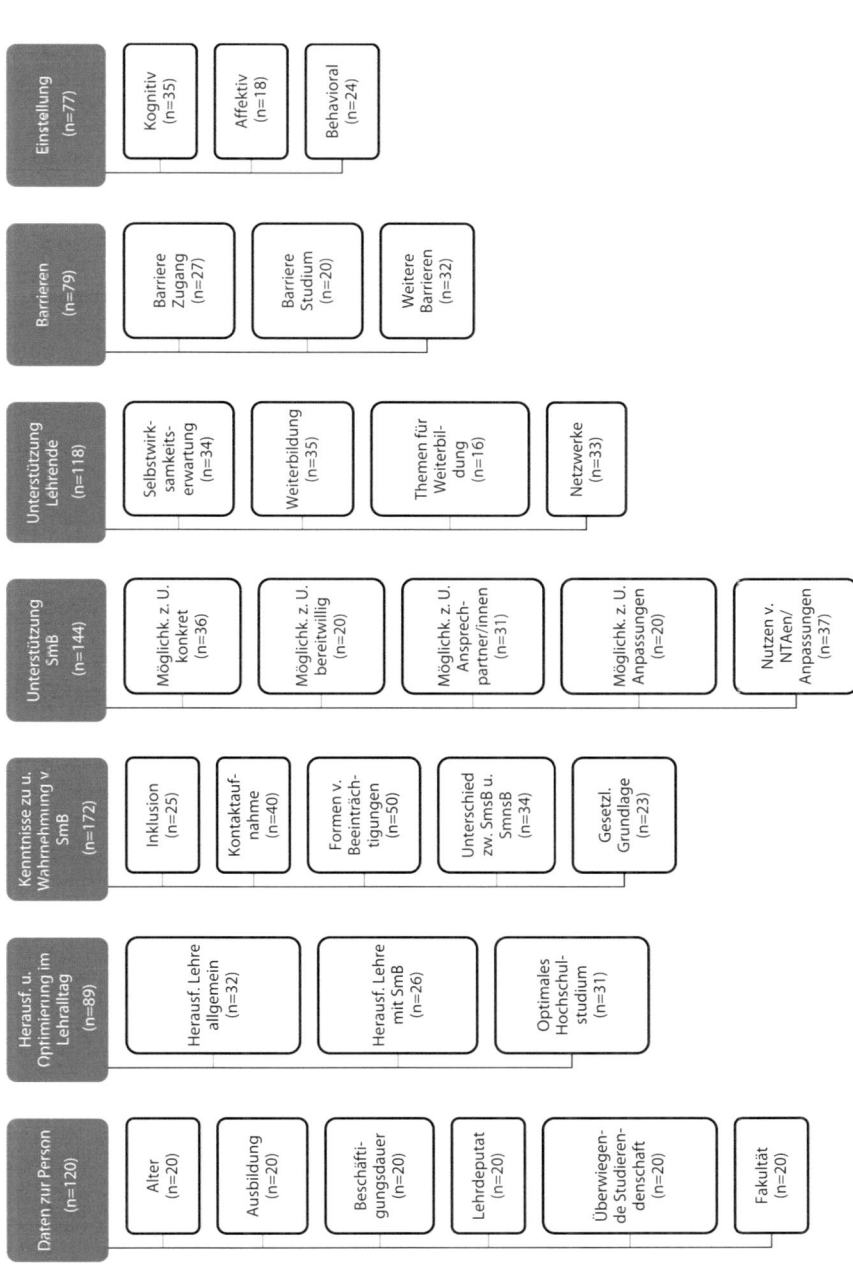

Abbildung 3: Verteilung der Kodierungen nach Kategorien der Lehrendeninterviews. Abk.: Herausf.= Herausforderungen, Möglichk.= Möglichkeiten, z.U.= zur Unterstützung

Tabelle 3: Verteilung der Lehrenden nach Fakultäten

Fakultät	Cluster	Interviewte Lehrende	Summe (n) nach Cluster
Biologie		1	
Chemie		2	
Mathematik	Naturwissenschaften	1	7
Medizin		2	
Physik		1	
Humanwissenschaft		4	
Katholische Theologie	Geistes- und Sozialwissenschaften	2	7
Philosophische		1	
Interdisziplinäre Studien		1	
Maschinenbau	Wirtschaft, Recht und Ingenieurwesen	1	6
Rechtswissenschaft		1	
Wirtschaft		3	

Herausforderungen und Optimierung im Lehralltag

Herausforderungen Lehre allgemein (L=19). Es zeigten sich verschiedene allgemeine Aspekte, die als herausfordernd wahrgenommen wurden. Neben organisatorischen Momenten, der Vorbereitung auf die eigene Veranstaltung oder der Motivation von Studierenden (trotz fehlender Anwesenheitspflicht zu erscheinen), wurden vermehrt allgemeine (Lern-)Defizite aller Studierender als Herausforderung angesprochen (n=6). Diese entstünden, laut der Lehrenden, durch veränderte Ansprüche innerhalb des Schulsystems. Zu diesen zählten neben Defiziten in motorischen Fähigkeiten, Allgemeinbildung und Rechtschreibung auch der sichere Umgang mit Grundrechenarten sowie ein lesbares Schriftbild. Aufgrund der Defizite fiel es Studierenden zunehmend schwerer, den (seitens des Ministeriums) vorgeschriebenen Anforderungen gerecht zu werden. Die Studierenden besaßen häufig unterschiedliche Vorkenntnisse, die in den Veranstaltungen zu berücksichtigen waren. Auch internationale Studierende beeinflussten den Lehralltag (n=3), da sie die bereits bestehende Heterogenität (n=6) der Studierenden noch verstärkten, was ebenfalls als besondere Herausforderung empfunden wurde. Ebenso wurde das Alter der Studierenden an dieser Stelle als Faktor genannt, da die Studierenden bis dato häufig noch keine Erfahrungen außerhalb einer Bildungseinrichtung sammeln konnten und teilweise noch nicht „studierfähig" (I5-L) seien. Die Lehrenden hatten das Empfinden als Dienstleister/innen wahrgenommen zu werden (n=2), deren Aufgabe u.a. darin bestünde, den Unterschied zwischen Schüler/innen und Studierenden deutlich zu machen. Das Bachelor-System (n=7) erschwere die Situation zusätzlich, da wiederholendes Lernen kaum unterstützt und nur eine sehr geringe Fehlertoleranz seitens der Studierenden zugelassen würde. Zudem wurde die

Wahl der abzulegenden Module in den meisten Studiengängen als sehr begrenzt eingeschätzt, sodass oft Pflichtfächer belegt werden müssten, deren Bedeutung oder Inhalte für
die Studierenden nicht immer nachvollziehbar seien. Einige Studiengänge wurden außerdem als überdurchschnittlich herausfordernd und psychisch belastend für Studierende beschrieben (z.B.: Jura, Biologie, Chemie).

Herausforderungen Lehre mit SmB (L=16). Die Frage, ob die zuvor genannten Herausforderungen bei SmB besonders auffallen würden, wurde ausnahmslos verneint. Drei der
Interviewten gaben sogar an, dass sich SmB regelmäßiger für Fehlzeiten entschuldigen würden, auch wenn keine Anwesenheit bestünde. Dafür wurden andere Herausforderungen
genannt, wie z.B. das Zeitmanagement (n=4). In diesem Kontext wurde konkret die Organisation von NTAen benannt: „Was ein bisschen Schwierigkeiten macht, ist allenfalls die
Koordination von NTAen, was verlängerte Bearbeitungszeit oder separaten Raum oder so
etwas angeht." (I1-L). Ergänzend wurden die Lehreinheiten benannt, die zu wenig Zeit beinhalten würden, um auf beeinträchtigungsbedingte Bedarfe eingehen zu können. In Bezug
auf NTAe wurde auf die Sorge verwiesen, dass diese in seltenen Fällen als Bevorteilung seitens anderer Studierender wahrgenommen werden könnten, was teilweise Erklärung be-
dürfe. In zwei Studiengängen wurden körperliche Beeinträchtigungen (angewiesen sein auf
einen Rollstuhl, Einschränkung der motorischen Fähigkeiten) als problematisch wahrgenommen. Nicht-sichtbare Beeinträchtigungen schienen für fünf der Befragten ebenfalls
herausfordernd. Hierzu wurde zum Beispiel Prüfungsangst in Studiengängen mit vielen
mündlichen Prüfungen angebracht. Des Weiteren führten psychische Beeinträchtigungen
zu Verunsicherung, da es den Lehrenden schwerfiele einzuschätzen, inwieweit eine Beeinträchtigung vorläge bzw. wie dementsprechend agiert werden solle. So wurde bspw. die
Sorge geäußert, dass betroffene Studierende bereits negative Erfahrungen mit Dritten gesammelt haben und daher Aussagen fehlinterpretieren könnten. Die Konsequenzen man-
cher Beeinträchtigungen könnten nur bedingt eingeschätzt werden, sodass z.B. Unsicherheit darüber bestehe, inwiefern z.B. eine Depression oder eine Autismus-Spektrum-Störung
zu weniger Achtsamkeit und Vorsicht führen könnte, was in Laborsituationen als problematisch eingestuft wurde.

Optimales Hochschulstudium (L=20). Acht der 20 Befragten gingen in Bezug auf das op-
timale Hochschulstudium auf das Thema Studium und Behinderung ein, wobei sich die
Aussageninhalte kaum wiederholten. Ein diesbezüglicher Vorschlag war:

> „Also idealerweise würde es so funktionieren, dass vielleicht, egal welches Fach, dass
> man erstmal allgemeine Grundlagen schafft. Und in diesen allgemeinen Grundlagen
> das Thema Inklusion vorkommt. Auch gerade im Lehramt, es muss ja nicht immer
> explizit von Inklusion die Rede sein, sondern Fragen von Differenzierung." (I20-L)

Bei der Umsetzung dieser Idee wurde Inklusion thematisiert, auch wenn die Umsetzung
im Studiengang selbst mitunter als kaum möglich angesehen wurde. Die Lehrenden
wünschten sich in diesem Kontext eine offenere Atmosphäre an der Hochschule, barrierefreie Gebäude, aufgeschlossene Lehrende, ausreichend Personal und ein gelingendes Studium für alle. Ebenso sollten nicht nur inklusionsorientierte Einzelprojekte gefördert werden, sondern der Fokus auf Projekte gelegt werden, die strukturellen Einfluss haben könnten. Ein/e Lehrende/r wies darauf hin, dass stets zu Beginn eines Semesters Informationen

zu Unterstützungsangeboten an Studierende herangetragen würde, was er/sie als wichtig erachtete.

Die inklusionsunabhängigen Aussagen hinsichtlich eines optimalen Hochschulstudiums variierten stark und waren teilweise konträr. So wurde das bestehende (Bachelor-)System von vier Personen geschätzt und kaum Veränderungsbedarf gesehen. Andere (n=12) äußerten hingegen, dass Änderungen vorgenommen werden müssten, sodass z.B. Vorlesungen oder Seminare in kleineren Gruppen abgehalten werden könnten (n=4), wozu ausreichend Personal zur Verfügung stehen müsste. Auch der Wunsch Prüfungen zu verändern, wurde gegensätzlich geäußert. Zwei Lehrende erachteten Zwischenprüfungen für sinnvoll, v.a. um wiederholendes Lernen zu fördern. Wieder andere (n=2) würden weniger Einzelprüfungen bevorzugen. Ergänzend wurde eine flexiblere Handhabung im Studium als positiv erachtet, v.a. um die Eigeninitiative der Studierenden fördern zu können. Ein/e Lehrende/r forderte zudem, mehr Freiheiten in der ASPO, da durch aktuell strikte Vorgaben eine Vielzahl an notwendigen Ausnahmen provoziert würden. Nach einer sorgfältigen Auswahl der Ansprechpartner/innen für SmB, sollte diesen mehr Kompetenzen zugeschrieben und in einer freieren Handhabung zum Ausdruck gebracht werden. Somit könnten NTAe, wie bspw. ein separater Prüfungsraum, von dem/der Ansprechpartner/in eines Lehrstuhls/einer Lehreinheit beschlossen werden, ohne einen offiziellen Antrag stellen zu müssen.

Kenntnisse zu und Wahrnehmung von SmB

Inklusion (L=20). Inklusion wurde von den Befragten als wichtig erachtet, bis hin zu einer Pflicht, die sich Deutschland durch die Ratifizierung der UN-BRK auferlegt habe. Das Thema sollte laut der Befragten Selbstverständlichkeit erlangen, wozu ein/e Lehrende/r bereits wahrnahm, dass dem Thema Inklusion, v.a. aber Diversität, wachsende Aufmerksamkeit gewidmet würde. Über die Bedeutung von Inklusion waren sich die Befragten zumeist einig, es wurde jedoch angemerkt, dass diese nicht auf Kosten anderer umgesetzt werden dürfe. Der zusätzliche Zeitaufwand für die Belange von SmB dürfe für andere Studierende keine negativen Konsequenzen haben.

Das Verständnis von Inklusion variierte unter den Befragten. Zum einen ging es einigen darum, SmB in ihrem Berufswunsch zu unterstützen (n=5) und „. . . [zu versuchen] Leuten mit körperlichen und psychischen Behinderungen ein Hochschulstudium zu ermöglichen nach bestem Wissen und Gewissen" (I18-L), u.a. um Chancengleichheit zu gewähren. Dies wurde häufig ergänzt mit der Aussage: „Je nachdem ob es die Art der Behinderung eben zulässt" (I13-L). In diesen Fällen (n=4) lag der Fokus darauf, befähigte SmB zu unterstützen. Auch der Abbau von Barrieren wurde mit Inklusion in Verbindung gebracht (n=5). In Ergänzung zu den baulichen Barrieren wurde der Abbau von Hindernissen/Barrieren als allgemeines Ziel formuliert, sodass bspw. geeignete Anlaufstellen zur Ermöglichung eines (erfolgreichen) Studiums erachtet wurden. Allgemein, ohne direkten Bezug zum Studium, wurde Inklusion so verstanden, „dass jeder Mensch gleich ist, keiner ausgegrenzt wird und alle mit einbezogen werden" (I9-L).

Kontaktaufnahme (L=19). Hierzu wurde in erster Instanz betont, dass eine Kontaktaufnahme vonseiten der SmB meist nicht stattfand:

„Also mir sind keine Fälle bewusst. (...) Ich meine, die Studenten, die versuchen natürlich auch immer im Strom mit zu schwimmen. Und wahrscheinlich versuchen sie
nicht aufzufallen in irgendeiner Weise. Und insofern kriegt der Dozent dann das
auch überhaupt nicht mit." (I15-L)

Einzelfälle wurden im Verlauf der Interviews jedoch ergänzt. Die Häufigkeit der Kontaktaufnahme variierte stark zwischen: „. . . das ist eine verschwindend geringe Zahl" (I20-
L) und „...das wird sehr umfangreich in Anspruch genommen" (I11-L). Fünf der Lehrenden erfuhren zumeist nur durch einen NTA oder die Information einer Beratungsstelle von
einer vorliegenden Beeinträchtigung. Drei Lehrende sprachen (vermeintlich) betroffene
Studierende an oder wurden angesprochen. In den anderen Fällen nahmen ausschließlich
SmB Kontakt auf, was von einigen Befragten (n=3) auch ausdrücklich erwartet wurde. Hinsichtlich physischer oder chronischer Beeinträchtigungen schien die Kontaktaufnahme of-
fensiver zu sein: „. . . also ich glaube, mit körperlichen Problemen kommen die Leute einfach
an und sagen: 'also das fällt mir schwer, könnte man nicht noch unterstützen?'" (I7-L). Studierende mit psychischen Beeinträchtigungen nutzten hingegen vermehrt inoffizielle Situationen zur Kontaktaufnahme.

Formen von Beeinträchtigungen (L=20). Vier der 20 Befragten gaben zunächst an, dass
sie bisher noch keine Erfahrungen mit SmB gesammelt haben, drei dieser ergänzten in Folge
jedoch, dass sie durch NTAe in Prüfungen erfahren hätten, dass eine Beeinträchtigung bzw.
eine Verletzung (z.B. gebrochener Finger) vorlagen. Vier Lehrende gaben hingegen an, einen regen Umgang mit SmB zu haben. Die anderen zwölf Interviewten waren diesbezüglich
zurückhaltend, erklärten zunächst, wenn überhaupt, nur Einzelfälle zu kennen, konnten
aber im Laufe der Interviews detailliertere Auskünfte geben. Fast die Hälfte (n=9) der Lehrenden hatten (oder vermuteten) Kontakte zu Studierenden mit psychischen Beeinträchtigungen, konnten jedoch kein genaues Krankheitsbild nennen. In Tabelle 2 (Kapitel 4.1) sind
die diesbezüglichen Nennungen sowie die der Beauftragten aufgeführt.

Unterschied zw. SmsB und SmnsB (L=17). Das Verhalten der beeinträchtigten Studierenden wurde von fünf Interviewten als Unterscheidungsmerkmal zwischen SmsB und
SmnsB herangezogen, wohingegen elf den Umgang mit SmB nannten. In einem Fall wurde
darauf verwiesen, dass im Lehramtsstudium sowohl sichtbare als auch nicht-sichtbare Beeinträchtigungen thematisiert werden müssen.

Hinsichtlich des Verhaltens der SmB wurde die Auffassung vertreten, dass SmsB unwei-
gerlich offen mit der Beeinträchtigung umgehen müssten. SmnsB hingegen hätten die Möglichkeit diese zu verbergen, vorausgesetzt, dass ihnen die eigene Beeinträchtigung bewusst
war, was z.T. in Frage gestellt wurde (n=3). Ergänzend wurde auch geäußert: „Ich glaube
nicht, dass es an der Erkrankung liegt, sondern daran, wie die Person damit umgeht." (I8-
L).

In Bezug auf die Interaktion anderer Hochschulmitwirkender mit SmB äußerten die Befragten (n=6), dass auf sichtbare Beeinträchtigungen anders reagiert und mehr Rücksicht
genommen und zusätzliche Hilfe angeboten würde. Ein/e Lehrende/r betonte im Gegensatz
dazu, dass man vielmehr darauf achten müsse, mit SmsB nicht anders, sondern „normal"
umzugehen. Sofern zur Veranschaulichung von Unterschieden Krankheitsbilder nicht-
sichtbarer Beeinträchtigungen herangezogen wurden, wurden stets psychische Beeinträchtigungen genannt. Der Umgang mit SmnsB wurde als herausfordernd(er) eingestuft, da es

schwerer fiele, diese zu einem Beratungsgespräch zu bitten (n=2). Die Lehrenden empfinden/nehmen einen Anstieg der Studierenden mit psychischen Erkrankungen wahr und sehen diesen im Zusammenhang mit dem offeneren gesellschaftlichen Umgang mit der Thematik (n=2).

Gesetzliche Grundlagen (L=19). Sechs der 20 Befragten wussten keine gesetzlichen Grundlagen, auf die sich SmB berufen könnten. Andere (n=5) nannten Aspekte auf Hochschulebene, z.B. Beratungsstellen und Prüfungskommissionen, die sich damit auskennen würden sowie das Vorhandensein von Regelungen für NTAe. Vier der Interviewten benannten das Grundgesetz, wobei in einem Interview explizit Art. 3 erwähnt wurde. Das Sozialgesetzbuch (n=1) sowie die UN-BRK (n=3) wurden ebenfalls vereinzelt genannt.

Unterstützung SmB

Möglichkeit z. U. konkret (L=17). Zu den konkreten Maßnahmen zählten Unterstützungsangebote, die über einen offiziellen NTA beantragt werden können, auch wenn dies nicht immer notwendig zu sein schien, sodass sie z.T. eigenständig umgesetzt wurden (n=4): „. . . wenn die Leute einem das sagen, dann wird das [Umsetzen eines nicht offiziell beantragten NTAs] bei uns auch so gemacht." (I2-L) Zum Verständnis von NTAen wurde ausdrücklich geäußert, dass: „. . . Sonderkonditionen heißen nicht, dass man Leistungen erlassen kriegt" (I6-L). In Bezug auf die meisten Beeinträchtigungen sei die Umsetzung von Unterstützungsmaßnahmen bei Klausuren möglich, während des Semesters wären die Möglichkeiten zur Unterstützung allerdings schwieriger. Als konkrete Unterstützungsmöglichkeiten wurden folgende genannt: Wechsel der Prüfungsform (n=1), Klausurtexte diktieren (n=2), Berücksichtigung bei Anwesenheitspflicht (n=3), separater Raum (n=3), keine Wertung der Rechtschreibung (n=3), gesonderte Sitzplatzwahl (n=4), technische Hilfsmittel (n=5) und mehr Bearbeitungszeit bei Klausuren und Hausarbeiten (n=13).

Möglichkeit z. U. bereitwillig (L=9). Unter diesen Möglichkeiten wurden keine konkreten Maßnahmen wie NTAe verstanden, sondern eine Bereitschaft zur Unterstützung, die gegenüber SmB geäußert wurde. So wurden SmB entweder direkt angesprochen: „Und dann in der ersten Stunde habe ich ihn gefragt, was ihm helfen würde, dass das Ganze für ihn etwas einfacher macht." (I18-L) oder es wurde generelle Offenheit signalisiert und Unterstützung angeboten, nachdem sich SmB an die Lehrenden gewandt hätten: „Wenn sie es mir dann sagen, dann versucht man oder versuche ich natürlich, die Hilfen zu geben, die sie brauchen" (I2-L). Diese Form der Unterstützung wurde ohne institutionelle Zwischenstellen bevorzugt:

> „Und da ist es doch besser, wenn man sich direkt anspricht, als wenn man da irgendjemanden dazwischenschaltet, der gar nicht genau darauf reagieren kann, wie jemand, der genau weiß, was er braucht. Also da denke ich, ist die direkte Ansprache immer am besten." (I2-L)

Möglichkeiten z. U. Anpassungen (L=11). Dieser Kategorie wurden Aussagen zugeordnet, die (unbürokratische) Maßnahmen beschreiben, die bereits durchgeführt wurden und nicht nur für SmB von Nutzen sind. Zu diesen zählten Umstrukturierungen in Form von Seminaren/Tutorien mit kleineren Gruppen (n=2), Abbau baulicher Barrieren (n=4), Unterstützung von Studierenden mit Prüfungsangst durch eine Vortragsreihe zum Thema für Betroffene und Interessent/innen (n=1) sowie flexible Prüfungsdauer bei mündlichen Prüfungen (n=1), Erlaubnis zum Abfotografieren von Vorlesungs- und Seminarmaterialien (n=1) und die Möglichkeit Schwerpunkte innerhalb von Studiengängen zu verändern bzw. Ausweichmöglichkeiten zu finden (n=3): „Und dann haben wir einfach gesagt, okay, anstelle dieses Praktikums macht er einfach ein anderes Praktikum und das wird ihm dann als gleichwertig anerkannt und dann geht das auch" (I5-L).

Möglichkeiten z. U. Ansprechpartner/innen (L=13). Neun der Lehrenden erwähnten unterstützende Beratungsstellen, an die sie SmB verweisen könnten. In diesem Zusammenhang wurden die Beratungsstellen für SmB, Schwerbehindertenvertretungen, psychosoziale Dienste, Sozialarbeiter/innen und Studiendekanate explizit genannt. Der Verweis auf hochschulinterne Möglichkeiten schien notwendig, da: „Studierende durchaus das Angebot des Studentenwerks kennen, das unieigene Angebot nicht" (I1-L). Erwartungen an die Beratungsstellen umfassten die Beratung und Unterstützung der SmB sowie die Weiterleitung an andere Gremien. Des Weiteren betrachteten die Lehrenden die Beratungsstellen auch als eine Unterstützung für sich:

> „Das ist schon mal für uns Dozenten eine enorme Erleichterung, weil man da nicht mehr die Rolle hat zu entscheiden, wer bekommt irgendwelche speziellen Bedingungen, wo man sich dann auch wieder denkt: Naja, jemand anderes hat vielleicht mindestens so ein Problem, fragt aber erst gar nicht nach. Also dass man so eine neutrale Stelle hat, finde ich sehr gut." (I10-L)

Neben den Beratungsstellen konnten sich die Lehrenden auch auf Kommiliton/innen der SmB verlassen (n=3) oder arbeiteten mit Hilfskräften (n=3), die Studierende generell unterstützten oder zweckgebunden eingestellt waren. Der zugrundeliegende Gedanke war, dass sich SmB anderen Studierenden bzw. Peers leichter anvertrauten, wofür auch Fachschaften zur Verfügung stünden. Ein/e Lehrende/r nahm sich anlässlich des Interviews vor, in Zukunft zum Semesterbeginn hinsichtlich möglicher Ansprechpartner/innen zu informieren.

Nutzen von NTAen/Anpassungen (L=17). Inwieweit umgesetzte Maßnahmen und Anpassungen zur Unterstützung der SmB als sinnvoll erachtet wurden, wurde heterogen beantwortet. Am häufigsten (n=8) wurde Bezug auf Nachhaltigkeit genommen, indem der spätere Berufsweg der SmB angesprochen wurde: „Also da sehe ich halt Grenzen von einem NTA, wenn die sozusagen nicht mit dem Berufsziel übereinstimmen" (I20-L). Vor allem hinsichtlich des Lehrberufs wurden Beeinträchtigungen wie Autismus (Schwierigkeiten mit sozialen Kontakten), Legasthenie, Dyskalkulie und Gehörlosigkeit als (extrem) schwierig eingestuft, sodass sich für die Lehrenden die Frage stellte, ob in diesen Fällen die Studienfachwahl sinnvoll war. Auch geringe sprachliche Kompetenzen bei Personen, die Deutsch als Zweitsprache erlernten, wurden in diesem Kontext erwähnt. Für einige andere Studiengänge wurden Beeinträchtigungen genannt, die als besonders konfliktreich beschrieben wurden, wie z.B. motorische Einschränkungen der Arme im Fachbereich Medizin, Dyskalkulie in den Wirtschaftswissenschaften oder generell physische Beeinträchtigungen im Fachbereich Sport. Die Befragten verwiesen allerdings auch darauf, dass nicht gewiss sei, welchen Beruf Studierende nach ihrem Studium tatsächlich wählten und ob sich bspw. eine Beeinträchtigung wie Dyskalkulie im gewählten Beruf tatsächlich negativ bemerkbar machen würde.

Des Weiteren wurden spezielle NTAe in bestimmten Situationen in Frage gestellt: mehr Zeit in Prüfungen bei Legasthenie (stattdessen sollte Rechtsschreibung nicht gewertet werden) oder Prüfungsangst (bevorzugt wurde ein gesonderter Platz) sowie verlängerte Abgabezeiten bei Hausarbeiten, die in das nächste Semester reichten. In Frage gestellt wurden auch Maßnahmen, wie Assistenzen während einer Prüfung, die SmB während des Semesters nicht zur Verfügung stünden. Zudem wurden teilweise NTAe genehmigt, die hinfällig waren, z.B. die Befreiung von einer nicht bestehenden Anwesenheitspflicht. Auch der Informationsgehalt der NTAe wurde kritisiert, da diese z.T. Begründungen auf Basis der Krankheitsbilder enthielten. Letztlich wurde aber als ausschlaggebend angesehen, ob ein SmB durch einen NTA leistungsfähig für seinen gewählten Studiengang sein könne oder nicht.

Unterstützung Lehrende

Selbstwirksamkeitserwartung (L=20). 13 Lehrende gaben an, sich hinsichtlich inklusionsorientierter Hochschulbildung bzw. der Interaktion mit SmB (zumindest bedingt, n=2) gewachsen zu fühlen, hauptsächlich da sie Ansprechpartner/innen kannten, an die sie SmB vermitteln könnten (n=4) und/oder einen Zivildienst absolviert hatten (n=2). Die verbliebenen Befragten verneinten, sich dem Thema gewachsen zu fühlen zunächst, wobei diesbezüglich differenziert wurde. Sechs unterschieden nach Beeinträchtigung, wobei psychische Beeinträchtigungen im Vergleich zu physischen als schwieriger betrachtet wurden. In einem Fall lösten die nicht kommunizierten oder nicht bewussten psychischen Beeinträchtigungen von Studierenden Angst aus, da diese das Leben der betroffenen Studierenden schwerwiegend beeinflussen könnten, bis hin zum Suizid. Ein/e Lehrende/r begründete seine/ihre Unsicherheit explizit mit fehlender Ausbildung hinsichtlich des Themas.

Weiterbildung (L=19). Sechs Lehrende hatten bereits themenbezogene Weiterbildungen, Tagungen oder Vorträge besucht, in einem Fall im Ausland, sonst an den jeweiligen Hochschulen. Alle sechs Lehrende haben mindestens einen Kurs zum Thema „psychische Beeinträchtigungen" belegt. Einige Lehrende nannte den Austausch mit Kolleg/innen als Weiterbildungsmöglichkeit. Sieben Befragte gaben an, dass sie sich mit einem möglichen Fortbildungsangebot nicht auskennen würden. Vier gingen davon aus, dass es die Möglichkeit zur Weiterbildung gäbe, nutzten diese jedoch noch nicht. Während sich eine/r dieser Lehrenden unsicher war, ob das Angebot für ihn/sie gelte, wurde ein/e andere/r erst kürzlich von dem/der Vorgesetzten dazu angeregt, sich über Angebote zu informieren. Da die Möglichkeiten für SmB im eigenen Studiengang limitiert seien, erachtete ein/e Lehrende/r eine Weiterbildung als nicht notwendig. Zwei Interviewpartner/innen äußerten ihr Interesse, merkten jedoch an, dass eine Teilnahme aus zeitlichen Gründen während des Semesters nicht möglich sei.

Themen für Weiterbildung (L=15). Das Weiterbildungsthema „psychische Beeinträchtigungen" wurde von vier Lehrenden als interessant empfunden, damit die Interaktionen mit den beeinträchtigten Studierenden verbessert bzw. generelle Informationen zu dieser Form der Beeinträchtigung erhalten werden können. Außerdem wurden mehr Informationen über häufig auftretende Extremfälle, z.B. beeinträchtigungsbedingte Zusammenbrüche in Prüfungssituationen, gewünscht. Ein/e Lehrende/r äußerte den Wunsch, Unterstützung durch Expert/innen zu erhalten. Als weitere mögliche Inhalte wurden Statistiken angeführt wie sie bspw. bei den best-Studien zu finden sind und Informationen zu rechtlichen Grund-lagen (n=2). Jeweils ein/e Befragte/r interessierte sich für (internationale) Best Practice-Bei-spiele, einen Überblick über Unterstützungsmöglichkeiten für SmB und eine Anweisung, wie man „richtig helfen" (I10-L) könne, bspw. in Bezug auf das Führen von Menschen mit Sehbeeinträchtigung. Drei Lehrende konnten kein für sie interessantes Thema benennen.

Netzwerke (L=20). Die meisten Lehrenden (n=16) konnten nach eigener Einschätzung auf ein Netzwerk zurückgreifen. Als Ansprechpartner/innen wurden Studiendekanat, -be-auftragte, -berater/innen und -koordinator/innen, Fachschaft, Fachstudien-, Konflikt- und begabungspsychologische Beratung, Beratungsstellen (für SmB), spezielle Sicherheits-, Frauen- und Behindertenbeauftragte, psychologischer Dienst, Uniklinikum und Hoch-schulseelsorger/innen genannt. Des Weiteren wurden die jeweiligen Kolleg/innen als mög-liche Ansprechpersonen angeführt (n=11), dem nur in einem Fall explizit widersprochen wurde. In zwei Fällen wurde zusätzlich auf private Kontakte aus dem eigenen Umfeld zu-rückgegriffen. Ein Problem schien aber zu sein, dass „es viele Stellen gibt, die sich inzwi-schen damit beschäftigen, die alle nichts voneinander wissen. (…) Da werden Synergien verpowert" (I8-L). Trotz verschiedener möglicher Netzwerkpartner/innen kam es vor, dass sich Lehrende dennoch nicht ausreichend informiert bzw. unterstützt fühlten. Ein/e Inter-viewpartner/in wies darauf hin, dass Beratungsstellen zwar bekannt seien, das persönliche Gespräch mit SmB jedoch bevorzugt würde. In einem Fall waren keine möglichen An-sprechpersonen bekannt und ein/e weitere/r Lehrende/r erachtete ein Netzwerk nicht als notwendig: „Nein. Aber es liegt vielleicht auch daran, dass auch die Kollegen da kein Pro-blem sehen im Moment. Wenn ich kein Problem habe, muss ich nicht agieren" (I15-L).

Barrieren

Barriere Zugang (L=17). Sechs Lehrende gaben an, dass die Gebäude ihrer Lehrveranstal-tungen aufgrund von Rampen, selbstöffnenden Türen, Aufzügen und höhenverstellbaren Tischen barrierefrei seien. Die Wege im Hochschulalltag seien mithilfe von absenkbaren Bussen ebenfalls zu bewältigen. Ein/e Lehrende/r betrachtete die vermeintliche Barrierefrei-heit jedoch kritisch:

> „Ich weiß nicht, inwiefern man in eine Ausschreibung mehr reinschreiben kann, dass es wirklich ein Architekt 100 Prozent behindertengerecht in jeder Sicht planen muss. Und wenn das eine Universität, die eine Auszeichnung dafür einheimst und dann das schön präsentiert und das als Anspruch hat, wenn das wirklich der Anspruch ist- ich schäme mich eher dafür." (I18-L)

Drei der Befragten nahmen weitere bauliche Barrieren an den Hochschulen wahr. Die Arbeitssituation in Laboren wurde als kritisch eingestuft (n=4), wobei zwei Personen dies-bezüglich bislang Lösungen finden konnten. Das gleiche Problem stellte sich in Bezug auf die Wege innerhalb sowie zwischen Gebäuden dar. Auch der Zugang zu Bibliotheken wurde genannt (n=2), da behindertengerechte Zugänge häufig verschlossen seien und die Erreichbarkeit von Bücherregalen ohne Hilfe nicht immer gewährleistet sei.

Barriere Studium (L=12). In drei Fällen beschrieben Lehrende das eigene Studienfach als problematisch, da es einige Formen von Beeinträchtigungen ausgrenze. So verhinderten bspw. Eignungsprüfungen oder fachspezifische Bedingungen die Studienaufnahme von Studierenden mit bestimmten physischen Beeinträchtigungen. Andererseits wurden einige

Studiengänge pauschal als so anspruchsvoll beschrieben, dass die Lehrenden, Studierenden mit psychischen Beeinträchtigungen davon abraten würden, da bereits Studierende ohne Beeinträchtigung an die Grenzen der psychischen Belastbarkeit kämen.

Auf spezifische Beeinträchtigungen, die für das jeweilige Studienfach besonders hinderlich seien, wurde siebenmal eingegangen und folgende Angaben getroffen: Seh- (n=3), Hör- (n=1) und Lernbeeinträchtigungen sowie Einschränkungen im Bereich der Motorik und des Sehens (n=1) sowie Gehbehinderungen (n=2). Zwei der sieben Lehrenden nannten zudem auch problematische psychische Facetten wie Prüfungsangst oder Wahrnehmungsstörungen. Ein/e weitere/r Lehrende/r gab an, dass explizit physische Beeinträchtigungen in seinem/ihrem Lehrfach keine Barriere darstellen würden.

Weitere Barrieren (L=14). Vier Lehrende äußerten, dass es ihnen als nicht-Betroffene schwer fiele Barrieren zu erkennen, weshalb sie an Aussagen von SmB interessiert wären. Dennoch wurden Aspekte wie die Einstellung anderer Lehrender gegenüber SmB an dieser Stelle als Barriere thematisiert (n=5). Im Rahmen dessen wurden voreingenommene Lehrende bis hin zu einer vorurteilbehafteten Gesellschaft (n=4) sowie die eigene Überforderung als auch selbige Dritter benannt (n=2). Die Überforderung entstehe laut der Interviewten durch den zusätzlichen Aufwand (n=4), z.B. für die Organisation von verlängerten Prüfungszeiten, fehlende Informationen zum Thema oder auch aufgrund des Verwaltungsapparats sowie mangelnder Unterstützung höherer Hochschulebenen. Ein/e Lehrende/r äußerte folgende Aussage: „Also flexibel, individuell auf irgendwelche, sage ich jetzt einmal böse, Sonderwünsche einzugehen, Entschuldigung, funktioniert so nicht" (I1-L). Als weitere Barriere für SmB wurde das unflexible Bachelor-System angesehen (n=4). Jeweils einmal wurden ungeeignete Ausstattung (nur Rechtshänder-Tische), fehlender Eigenwille vereinzelter SmB zur Inklusion und generell fehlende soziale Gruppen als Barrieren genannt.

Einstellung

Kognitiv (L=15). Die Haltung und Gedankengänge der Lehrenden signalisierten in den meisten Fällen eine eher positive Einstellung (n=11). So wurden bspw. NTAe nicht hinterfragt (n=2), eine große Bereitschaft zur Unterstützung von SmB signalisiert (n=3), trotz Mehraufwand (n=1), wenn ein Attest vorliegt (n=1). Unterstützungsmaßnahmen sollten jedoch individuell gestaltet werden: „Denn so etwas kann man nie über einen Kamm scheren und sagen so und so müssen alle gleich behandelt werden" (I2-L). Ein/e Interviewpartner/in äußerte allerdings, dass Veränderungen für SmB erst vorgenommen würden, wenn eine größere Zahl von SmB Probleme in Veranstaltungen hätten. Drei Lehrende waren der Meinung, dass die meisten beeinträchtigungsbedingten Barrieren oder Schwierigkeiten gelöst werden könnten, auch wenn ergänzend angemerkt wurde, dass ein Studium nicht für jeden geeignet sei (n=1). Ein/e andere/r Lehrende/r verschärfte diese Aussage durch die Überlegung, ob einer seiner/ihrer Studierenden eine Beeinträchtigung habe, dies aber verwirft, da diese/r sonst wahrscheinlich nicht an der Hochschule wäre. Als Fazit einer negativen Erfahrung äußerte ein/ Lehrende/r: „Und wenn er krank ist, dann kann er halt nicht studieren, in meinen Augen" (I14-L). Die drei verbliebenen Äußerungen sind ebenfalls kritischer Natur, in zwei Fällen beziehen sich die Äußerungen auf das Studium mit Beeinträchtigung (Studiengang ist mit physischer Beeinträchtigung nicht zu absolvieren;

Verantwortung für eine Laborsituation mit einem Rollstuhlfahrer wird abgelehnt), in einem Fall auf eine zu geringe Bereitschaft von Hochschulmitarbeiter/innen SmB zu unterstützen.

Affektiv (L=7). Zwei der Befragten erzählten von eigenen depressiven Phasen, den dabei empfundenen Gefühlen oder dem offenen Umgang mit der Beeinträchtigung. In einem Fall wurde ein Interesse für das Thema bekundet, das durch Inhalte des eigenen Studiums entstanden war. Durch Erfahrungen mit Freund/innen und Bekannten entstand ein gewisses Verständnis für und ein Wissen über Beeinträchtigungen (n=2). Drei Lehrende äußerten sich zu Situationen mit SmB, wobei die Erfahrungen hierbei konträr waren. Zum einen wurde beschrieben, dass SmB ihre Situation nicht ausnutzen würden. Zum anderen wurde von SmB berichtet, die aufgrund von psychischen Beeinträchtigungen eine Pflichtprüfung wiederholen konnten und daher nicht exmatrikuliert wurden. Nach erneutem Nichtbestehen erhob je ein SmB Anklage oder bedrohte Lehrende und andere Hochschulmitwirkende.

Behavioral (L=20). Vier der Befragten waren sich unschlüssig, ob sie ein Programm zur Übertragung der vorgetragenen Inhalte in (ggf. speicherbare) Schriftform nutzen wollen würden. Zwei davon vertraten die Annahme, dass sie die eigene Vortragsweise in diesem Fall ändern würden. Sechs Lehrende konnten ein gewisses Unbehagen verstehen, entweder da sie diese Art der Aufnahme als unangenehm empfanden (n=3) oder die Befürchtung hatten, dass die Niederschrift weitergegeben würde, sodass die Anwesenheit der Studierenden weiter sinken würde (n=2). Dennoch stimmten sie der Nutzung zur Unterstützung eines SmB zu. Die restlichen zehn Befragten sahen kein Problem in der Nutzung des Programmes und konnten die Bedenken anderer nicht nachvollziehen. Vier betonten hierbei, dass der/die Studierende mit seinen/ihren Bedürfnissen im Vordergrund stehen müsse und nicht die eigene Person.

Zusammenfassend kann festgehalten werden, dass die meisten der befragten Lehrenden den SmB eher positiv gegenüberstanden. Sie waren bereit sich für diese, in einem angemessenen Rahmen, zu engagieren und versuchten Offenheit zu signalisieren. Das Interesse daran, sich mit der Thematik auch in Form von Weiterbildungen auseinanderzusetzen bzw. Wissensgrundlagen aufzubauen oder zu fundieren, war jedoch nur bedingt ausgeprägt oder wurde z.T. als nicht notwendig befunden. Sie fühlten sich dem Thema überwiegend gewachsen u.a. auch aufgrund von bekannten Ansprechpartner/innen. Trotz vorhandener Bereitschaft zur Unterstützung von SmB war der eigene Handlungswille, z.B. SmnsB (auf Verdacht) anzusprechen, aus verschiedenen Gründen eingeschränkt. Die Initiative sollte laut der Lehrenden von den SmB selbst ausgehen, auch da diese am besten wüssten, welche Form der Unterstützung für sie hilfreich sei. Das Bewusstsein um inklusionsorientierte Themengebiete war ausbaufähig. Auch die häufige Erwähnung von Studierenden mit Kind(ern) während der Interviews, insbesondere im Zusammenhang mit NTAen, zeigt, dass bei einigen Lehrenden ein wenig differenziertes Bewusstsein hinsichtlich der unterschiedlichen Ausgangssituationen von SmB und z.B. Studierenden mit Kind(ern) bestand. Auch Wissensdefizite bspw. hinsichtlich gesetzlicher Grundlagen, Formen und Folgen der unterschiedlichen Beeinträchtigungsformen wurde deutlich.

4.2 Quantitative Erhebung

4.2.1 Validität der deutschen Übersetzung des Fragebogens

Bei einer Stichprobengröße von 589 Hochschullehrenden (Rücklaufquote 21%) und einem KMO-Wert von .90 lieferte die EFA mit Oblimin-Verfahren (0; 4) über das Kaiser-Kriterium die Extraktion von neun Faktoren, wobei zwei nur sehr geringfügig über dem Wert 1 (F9: 1,07; F8: 1,09) lagen, weswegen additiv eine Berechnung mit voreingestellten sieben, acht und neun festen Faktoren gerechnet wurden. Dabei fanden sich bei acht und neun festen Faktoren allerdings latente Merkmale, die nicht interpretierbar waren (nur zwei Items auf einem Faktor). Zudem erwiesen sich einzelne Faktorreliabilitäten als nicht ausreichend und der Screeplot sowie der Paralleltest verwiesen ergänzend auf sieben Faktoren. Somit wurde als stabilste und reproduzierbare Faktorenstruktur eine siebendimensionale Faktorenstruktur herangezogen, die 54% der Varianz aufklärte, wobei mindestens drei Items pro Faktor über .5 luden und Reliabilitäten zwischen, in einem Fall .60, ansonsten .68 und .89 aufwies. Es ergab sich ein Cronbachs Alpha aller verbliebenen Variablen von .91. Die Werte der korrigierten Item-Skala-Korrelation lagen vereinzelt bei .3, überwiegend jedoch zwischen .5 und .79, die Inter-Item-Korrelation lag im Mittel über .3.

Die ermittelten Faktoren lauteten:

1) Unterstützung bei Nachteilsaugleichen für SmB,
2) Wissen im Kontext von Behinderung,
3) Bereitschaft Zeit für inklusionsorientierte Lehr-Lernsettings zu investieren,
4) Zugänglichkeit von (Kurs-) Materialien,
5) Leistungserwartungen,
6) Unterstützungsangebote sowie
7) Ambivalenz von Anpassungen bei Kursleistungen und -anforderungen.

Die Zusammensetzung des 2., 4., 5. und 6. Faktors war mit dem Original identisch, die Benennung wurde aber in einem Fall verändert. Beim ersten Faktor war die Zusammensetzung ähnlich, der dritte und siebte ließen die Originalstruktur erkennen (Lombardi & Murray, 2011), setzten sich aber z.T. anders zusammen, was auch in der Faktorbezeichnung zum Tragen kam. All diese Faktoren zeichneten sich bereits bei einer Stichprobengröße von n=351 Personen ab. Aus Tabelle 4 sind die Faktorladungen (Oblimin-Verfahren, sieben feste Faktoren) der Items pro Faktor zu entnehmen. Items mit einer uneindeutigen, geringen Ladung (grau hinterlegt) wurden schließlich durch Reliabilitätsanalysen zugeordnet und an dieser Stelle entsprechend der Zuteilung fett hervorgehoben. Dabei werden Studierende mit Behinderung mit „SmB" und Studierende mit dokumentierter (an der Hochschule nachgewiesener) Behinderung mit „SmdB" abgekürzt.

Tabelle 4: Faktorladungen der explorativen Faktorenanalyse (n=589; oblimin)

Item Beschriftung	F1	F2	F3	F4	F5	F6	F7
AF_01: Ich bin bereit jedem Studierenden, der seinen Bedarf zum Ausdruck bringt, bei einem Antrag auf eine Zeitverlängerung zu unterstützen.	0,694						
AF_02: Ich fühle mich sicher in meinem Verständnis der Inhalte der gesetzlichen Definition von Behinderung.		0,771					
AF_03 (rek): Lehranpassungen für SmdB zu gewähren, ist Studierenden ohne Behinderung gegenüber unfair.	0,321						-0,594
AF_04 (rek): Adäquate Anpassungen für SmdB in meinen Lehrveranstaltungen umzusetzen, ist aus Zeitgründen und anderen Jobanforderungen unrealistisch.			0,369				-0,569
AF_05: Ich bin bereit Kopien oder Übersichten meiner Vorlesungsmaterialien für SmdB zur Verfügung zu stellen.				0,745			
AF_06: SmB sind auf Hochschulniveau wissenschaftlich wettbewerbsfähig.					0,643		
AF_07: Ich bin bereit zusätzliche Zeit aufzuwenden (z.B. über die normalen Bürozeiten hinaus), um Studierende bei der Prüfungsvorbereitung oder der Aufbereitung von Lehrveranstaltungsmaterialien zu unterstützen.			0,75				
AF_08: Ich glaube, dass Studierende mit Lernbehinderung an der Hochschule erfolgreich sein können.					0,571		
AF_09: Ich würde gerne die curricularen Anforderungen meiner Lehrveranstaltungen ändern, um eine inklusivere Lernatmosphäre für alle Studierenden zu schaffen.			0,348				
AF_10 (rek): Ich glaube, dass Studierende ihre Behinderungen als Ausrede nutzen, wenn sie in meiner Lehrveranstaltung nicht gut abschneiden.							-0,42
AF_11: SmdB, die um Unterstützung bitten, erhalten diese in adäquater Form von den zuständigen Beratungsstellen.						0,745	
AF_12: Wenn es notwendig ist, bin ich dazu bereit, einen verlängerten Abgabezeitraum für Prüfungsleistungen zu unterstützen, um den Bedürfnissen von Studierenden mit dokumentierter Behinderung gerecht zu werden.	0,717						
AF_13: Ich bin bereit Studierende mit einer dokumentierten Behinderung bei einem Antrag für den Gebrauch von technischen Hilfsmitteln (z.B. Laptop, Taschenrechner) für Prüfungen zu unterstützen, auch wenn Studierenden ohne Behinderung der Gebrauch dieser technischen Hilfsmittel nicht gestattet ist.	0,579						
AF_14: Wenn es notwendig ist, bin ich dazu bereit, Studierenden mit dokumentierter Behinderung die Aufnahme von Lehrveranstaltungssitzungen zu erlauben.			0,384	0,41			

Item Beschriftung	F1	F2	F3	F4	F5	F6	F7
AF_16: Ich unterstütze individuelle Nachteilsausgleiche für Studierende, die mir ihre Behinderung mitgeteilt haben.	0,519						
AF_17: Ich lade SmB in meinen Lehrveranstaltungen dazu ein, ihre Bedürfnisse mit mir zu besprechen.	0,527						
AF_18 (rek): Wenn SmB Probleme in meinen Lehrveranstaltungen haben, bin ich mir unsicher, wo ich zusätzliche Unterstützung an meiner Hochschule finden kann.						0,592	-0,339
AF_19: Ich bin bereit einem Studierenden mit dokumentierter Behinderung bei einem Antrag auf eine Prüfungsleistung zur Notenverbesserung zu unterstützen, obwohl diese nicht im Lehrveranstaltungsplan steht.	0,463						
AF_20: Ich bin bereit Technologien zu nutzen, um meine Lehrveranstaltungsmaterialien in verschiedenen Formaten verfügbar zu machen (z.B. Podcast der Sitzung als Download, Literatur als mp3-Datei).			0,321	0,651			
AF_21: Ich bin bereit die Vollbringung von Prüfungsleistungen in einem separaten, beaufsichtigten Prüfungsraum für SmdB zu unterstützen.	0,561						
AF_22: Ich bin bereit jeden Studierenden in meiner Lehrveranstaltung beim (Stellen eines Antrags auf) Erbringen von extra Prüfungsleistungen zu unterstützen.	0,398						
AF_23 (rek): Aktuell habe ich kein angemessenes Wissen, um adäquate Anpassungen für SmB in meiner Lehrveranstaltung umzusetzen.		0,613					-0,359
AF_24: Ich bin bereit zusätzliche Zeit (z.B. über die normalen Bürozeiten hinaus) für Treffen mit Studierenden mit dokumentierter Behinderung aufzuwenden, um mit ihnen Lehrveranstaltungsinhalte zu klären bzw. zu wiederholen oder sie für eine Prüfung vorzubereiten.			0,749				
AF_25: Ich bin bereit Kopien meiner Overheadfolien und/oder PowerPoint Präsentationen für SmdB zur Verfügung zu stellen.				0,796			
AF_26: Ich stelle meine Vorlesungsmaterialien für alle Studierenden (auf einer Hochschullernplattform oder Hochschulwebsite) online.				0,764			
AF_27: Ich bin bereit eine Veränderung der Prüfungsform für SmdB zu unterstützen (z.B. mündlich statt schriftlich).	0,536						
AF_28 (rek): SmB erbringen in der Regel weniger gute Leistungen als die restlichen Studierenden in meinen Lehrveranstaltungen.					0,629		-0,37
AF_29 (rek): Studierenden mit einer dokumentierten Behinderung Nachteilsausgleiche für Prüfungen zu gewähren (z.B. Zeitverlängerung), ist unfair gegenüber Studierenden ohne Behinderung.	0,447						**-0,493**

Item Beschriftung	F1	F2	F3	F4	F5	F6	F7
AF_30: Ich erhalte adäquate Unterstützung von den zuständigen Beratungsstellen, um angemessene Anpassungen für SmdB vorzunehmen.						0,67	
AF_31: Ich halte das Angebot für SmB, ihre Bedürfnisse mit mir zu besprechen, in meinem Lehrplan fest.		0,359	0,335				
AF_32: Ich fühle mich sicher in meinem Verständnis der Inhalte der Behindertenrechtskonvention der Vereinten Nationen (UN-BRK).		0,882					
AF_33: Ich bin mir über technische Hilfsmittel bewusst, die SmB zu Hilfe nehmen können, um das Lehrveranstaltungsmaterial besser zu verstehen.		0,752					
AF_34 (rek): Manchmal belastet es mich, wenn sich SmB mit Anfragen bezüglich eines Nachteilsausgleichs an mich wenden.							-0,445
AF_35: Ich fühle mich sicher in meinem Verständnis der Inhalte des neunten Sozialgesetzbuches (SGB IX) zum Thema „Rehabilitation und Teilhabe von Menschen mit Behinderungen".		0,862					
AF_36: In meinen Lehrveranstaltungen sollten SmBen in der Lage sein, gleich gute Leistungen wie Studierende ohne Behinderung zu erbringen.					0,633		
AF_37: SmB Nachteilsausgleiche zu gewähren, ist eine Möglichkeit gleiche Chancen und Zugänglichkeit zum Lernen im Hochschulsetting zu versichern.	0,682						
AF_38: Ich bin bereit, für einen Studierenden mit dokumentierter Behinderung, den Umfang der Pflichtliteratur zu reduzieren, obwohl ich dies für Studierende ohne Behinderung nicht genehmigen würde.	0,321						
AF_39: Ich bin bereit Studierende mit einer dokumentierten Behinderung hinsichtlich einer Zeitverlängerung für Prüfungen zu unterstützen.	0,772						

Die KFA zeigte, dass das explorativ gebildete Modell mit sieben Faktoren bei n=589 am besten auf den vorliegenden Datensatz passte (Tab. 5).

Tabelle 5: Konfirmatorische Faktorenanalysen im Vergleich (n=589; unterschiedliche Modelle/Faktoranzahl)

	Cmin/DF	CFI	RMSEA	SRMR	AIC	CAIC
Ursprungsmodell	2,9	.83	.063	.075	2179.497	-2868.682
Modifiz. Modell, offen (9) Faktoren	2,8	.84	.061	.068	2113.864	-2908.323
Modifiz. Modell, 8 Faktoren	2,9	.83	.063	.070	2083.986	-2709.445
Modifiz. Modell, 7 Faktoren	**2,8**	**.84**	**.062**	**.068**	**1932.948**	**-2633.727**

Anmerkungen. Cmin/DF: Chi-Quadrat-Wert dividiert durch Anzahl der Freiheitsgrade; CFI: Comparative Fit Index; RMSEA: Root Mean Square Error of Approximation; SRMR: Standardized Root Mean Square Residual; AIC: Akaike information Criterion; CAIC: Consistent Akaike Information Criterion.

4.2.2 Ergebnisse der Gesamterhebung

Insgesamt lag eine Gesamtstichprobengröße von 807 Lehrenden vor (Rücklauf zwischen 10% und 21%). Diese lehrten an zwei bayerischen Universitäten sowie 3 bayerischen Hochschulen für angewandte Wissenschaften.

4.2.2.1 Soziodemografische Daten

Persönliche Angaben
An der Befragung nahmen mit 60,6% überwiegend Männer teil (weiblich: 38,4%; divers: 1%). Hinsichtlich des Alters waren die Gruppen ausgeglichener, wobei die meisten Befragten (39%) unter 36 Jahren alt waren (36-50 J.: 35,8%; ≥ 50 J.: 25,2%).

Anstellungsverhältnis und Hochschulkenngrößen
Über die Hälfte (54,5%) der Lehrenden waren befristet und meist als Wissenschaftliche Mitarbeiter angestellt (Tab. 6).

88,72% der Befragten arbeiteten an einer Universität mit über 10.000 Studierenden. Die Verteilung über die Fakultäten ist Tabelle 7 zu entnehmen. Die Fakultäten wurden hierbei auf Grund von z.T. zu kleinen Stichprobenzahlen zu größeren Verbünden geclustert.

Mit 41,5% lehrte der größte Teil der Befragten seit über 10 Jahren (ggf. inklusive Lehrtätigkeit als Hilfskraft) an der Hochschule (<3J: 19,8%; 3-5J: 16,7%; 6-10J: 21,9%). Hierbei waren ferner insbesondere Pflichtfächer das gängige Lehrformat (64,6%; Tutorien: 14,4%; Wahlfächer: 19,5%; Sonstiges 1,6%) und sie unterrichteten überwiegend in Bachelorstudiengängen (52%; Lehramt: 21,3%; Master: 20,9%; Promotion: 3,3%).

Tabelle 6: Anstellungsverhältnis

Anstellungsverhältnis	f_{abs}	$f_\%$
Externe(r) Lehrbeauftragte(r)	30	3,7
Hochschulassistent(in)	25	3,1
Lehrkraft für besondere Aufgaben	73	9,0
Ordentliche(r) Professor(in) / Junior Professor(in)	197	24,56
Privatdozent(in) / außerord. Professor(in)	60	7,4
Wissenschaftliche(r) Mitarbeiter(in)	395	48,9
Wissenschaftliche / studentische Hilfskraft	8	1,0
Sonstiges	19	2,38
Gesamt	807	100

Tabelle 7: Cluster der Fakultäten

Fakultäten	f_{abs}	$f_\%$
Naturwissenschaften (Biologie, Chemie, Mathematik, Medizin und Physik)	303	37,8
Geistes- und Sozialwissenschaften (Humanwissenschaften, Katholische Theologie und Philosophische Fakultät)	314	38,9
Wirtschaft, Recht und Ingenieurwesen (Interdisziplinäre Studien, Maschinenbau, Rechtswissenschaften und Wirtschaft)	136	16,9
Sonstige	54	6,7
Gesamt	*702*	*100*

Kontakt und Erfahrungen zu Betroffenen

Über die Hälfte der Lehrenden (63,7%) gab an, in den letzten fünf Jahren in und/oder außerhalb ihrer Lehre Kontakt mit SmB gehabt zu haben. Davon spezifizierten 92,78% die Antwort auf 1-9 SmB. Abb. 4 zeigt die Differenzierung der Erfahrungen mit Beeinträchtigungen, wobei die Erfahrung durch Familie/Freunde/Bekannte am häufigsten genannt wurde.

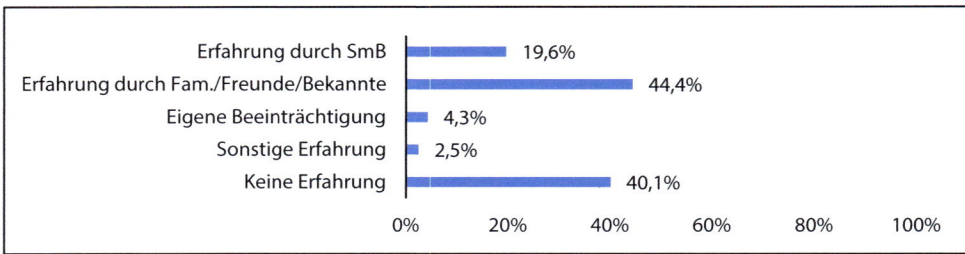

Abbildung 4: Erfahrungen mit Beeinträchtigungen (jeweils Mehrfachantworten möglich)

4.2.2.2 Weiterbildung

Innerhalb dieses Themenblocks wurden die Teilnehmer/innen gebeten die folgenden Themen nach Interesse auf sieben Ränge zu ordnen:

1. „Behinderungsspezifische Belange im Hochschulkontext"
2. „Verständnis der Studierendenperspektive im Allgemeinen"
3. „Inklusive Lehrmethoden, um individuelle Anpassungen reduzieren zu können"
4. „Behinderungsspezifische Hochschulangebote und ihre Unterstützungsfunktion"
5. „Spezifische Arten von Behinderung"
6. „Psychische Beeinträchtigungen bei Studierenden"
7. „Nachteilsausgleiche für Studierende mit Behinderung und chronischer Erkrankung"

Tabelle 8 ist zu entnehmen, dass das Thema „psychische Beeinträchtigungen" als am interessantesten erachtet wurde, wohingegen andere behinderungsspezifische Themen auf die hinteren Ränge zugeordnet wurden. Themen, die sich konkreter auf den Lehralltag bezogen (inklusive Lehrmethoden, NTAe) oder Studierende allgemein ansprachen, fanden sich im oberen Mittelfeld.

Tabelle 8: Prozentuale Verteilung von Fortbildungsthemen nach Interesse der Befragten

Rang	Thema 1	2	3	4	5	6	7
1	9,5	19,8	15,7	4,3	3,7	30,0	13,3
2	9,3	13,5	17,6	7,8	8,9	22,8	15,7
3	12,8	12,0	16,0	14,4	12,0	13,9	14,0
4	15,7	12,4	14,4	17,1	14,0	8,7	12,4
5	17,3	11,2	11,3	19,5	15,7	6,8	12,8
6	16,4	9,8	11,5	20,6	17,0	8,1	11,3
7	13,6	16,4	9,0	10,9	23,4	5,6	15,7
NA	5,3	5,0	4,5	5,5	5,2	4,2	4,8
TOP 3	31,6	45,3	49,3	26,5	24,6	66,7	43,0
Mittelwert	4,33	3,80	3,61	4,53	4,83	2,85	3,97
Rang	5	3	2	6	7	1	4

Themenspezifische Auseinandersetzung

Abb. 5 visualisiert die themenspezifische Weiterbildungsart und -dauer der Befragten, wobei nur 10% bereits an einer Fortbildung teilgenommen hatten.

Die autodidaktische Weiterbildung erfolgte insbesondere über Websites (74,72%) oder Informationsmaterialien, wie Broschüren (38,66%). Webinare wurden hingegen am seltensten als Informationsquelle genutzt (1,86%). Fast 7% füllten zudem das Feld „Sonstiges" zur weiteren Möglichkeit der eigenständigen Recherche aus, wobei der überwiegende Teil sich auf einen Austausch mit Beeinträchtigten oder Dritten berief (78,57%).

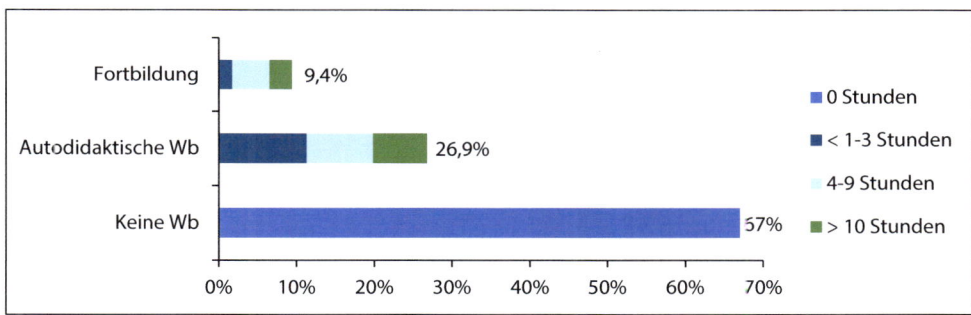

Abbildung 5: Investierte Zeit in Weiterbildungsformen (Wb; Mehrfachantworten möglich)

4.2.2.3 Faktoren zu Einstellungen und Kenntnissen von Lehrenden zu SmB

Tabelle 9 zeigt die Faktoren des Original- und des ins Deutsche übersetzten, modifizierten, Fragebogens zu Einstellung und Kenntnissen zu SmB. Die deskriptiven Statistiken sind im direkten Vergleich dargestellt und belegen die im Vergleich zur Stichprobe in den USA guten, meist aber leicht niedrigeren Mittelwerte.

Tabelle 9: Vergleich Originalstruktur und Struktur des ins Deutsche übersetzten mod. Fragebogens

Original (O)	Modifiziert (G)	α (O)	χ (O)	σ (O)	α (G)	χ (G)	σ (G)
Fairness bei der Bereitstellung von NTA	Unterstützung bei NTAen für SmB	.85	5.09	.63	.89	4.68	.75
Wissen im Kontext von Behinderung	„…"	.82	3.30	1.08	.86	2.90	1.08
Bereitschaft Zeit zu investieren	Bereitschaft Zeit für inklusive Lehr-Lernsettings zu investieren	.74	4.75	.83	.70	3.85	1.03
Zugänglichkeit von (Kurs-)Materialien	„…"	.69	4.81	.79	.74	4.86	.87
Leistungserwartungen	„…"	.65	4.96	.63	.61	4.73	.74
Hochschulressourcen	Unterstützungsangebote	.69	4.24	.82	.67	3.86	.91
Anpassungen von Kurs- und Leistungsanforderungen	Ambivalenz von Anpassungen bei Kurs- und Leistungsanforderungen	.78	3.86	.85	.76	4.69	.81
Barrieren minimieren	/	.70	4.29	.94	/	/	/

Nachfolgend werden die Inhalte der validierten Faktoren tiefergehend differenziert und einzeln beschrieben. Aus den jeweiligen Tabellen sind die Items mit den zugehörigen statistischen Werten abzulesen. Das Antwortformat entsprach stets: Starke Ablehnung= 1; Ablehnung= 2; Eher Ablehnung= 3; Eher Zustimmung= 4; Zustimmung= 5; Starke Zustimmung= 6.

Faktor 1: Unterstützung bei Nachteilsausgleichen für SmB (Abk.: Unterstützung bei NTAen)

Dieser Faktor beinhaltet, inwieweit die Befragten dazu bereit sind, SmB bei einem NTA zu unterstützen. Mit einem Mittelwert von 4.68 (sd= .75) wurde (eher) Zustimmung signalisiert (vgl. Tabelle 10). Im Einzelnen stellen bspw. zusätzliche Zeit und veränderte Prüfungsformen die NTAe dar, die am häufigsten unterstützt würden. Notenverbesserung wurde eher weniger zugestimmt und die Reduzierung von Pflichtliteratur wurde eher abgelehnt (Tab. 11).

Tabelle 10: Werte des Faktors Unterstützung bei NTAen für SmB

Beschriftung	% σ²	n	NA	χ	sd	median	min	max	α
Unterstützung bei Nachteilsausgleichen für SmB	24,7	749	55	4.68	.75	4.72	1	6	.89

Tabelle 11: Item-Kennwerte der Skala Unterstützung bei NTAen für SmB (Faktor 1)

Item	n	NA	χ	sd	r_{it}
AF01_01: Ich bin bereit jedem Studierenden, der seinen Bedarf zum Ausdruck bringt, bei einem Antrag auf eine Zeitverlängerung zu unterstützen.	807	0	4.98	1.00	.55
AF01_12: Wenn es notwendig ist, bin ich dazu bereit, einen verlängerten Abgabezeitraum für Prüfungsleistungen zu unterstützen, um den Bedürfnissen von Studierenden mit dokumentierter Behinderung gerecht zu werden.	806	1	5.10	.91	.64
AF01_13: Ich bin bereit Studierende mit einer dokumentierten Behinderung bei einem Antrag für den Gebrauch von technischen Hilfsmitteln (z.B. Laptop, Taschenrechner, Autokorrektur) für Prüfungen zu unterstützen, auch wenn Studierenden ohne Behinderung der Gebrauch dieser technischen Hilfsmittel nicht gestattet ist.	806	1	4.62	1.25	.61
AF01_16: Ich unterstütze individuelle Nachteilsausgleiche für Studierende, die mir ihre Behinderung mitgeteilt haben.	797	10	4.91	.92	.66
AF01_17: Ich lade Studierende mit Behinderung in meinen Lehrveranstaltungen dazu ein, ihre Bedürfnisse mit mir zu besprechen.	785	22	4.47	1.18	.52
AF01_19: Ich bin bereit einem Studierenden mit dokumentierter Behinderung bei einem Antrag auf eine Prüfungsleistung zur Notenverbesserung zu unterstützen, obwohl diese nicht im Lehrveranstaltungsplan steht.	786	21	3.88	1.26	.60
AF01_21: Ich bin bereit die Vollbringung von Prüfungsleistungen in einem separaten, beaufsichtigten Prüfungsraum für Studierende mit dokumentierter Behinderung zu unterstützen.	802	5	4.88	1.07	.63
AF01_22: Ich bin bereit jeden Studierenden in meiner Lehrveranstaltung beim (Stellen eines Antrags auf) Erbringen von extra Prüfungsleistungen zu unterstützen.	793	14	4.31	1.17	.58
AF01_27: Ich bin bereit eine Veränderung der Prüfungsform für Studierende mit dokumentierter Behinderung zu unterstützen (z.B. mündlich statt schriftlich).	800	7	4.76	1.18	.66
AF01_37: Studierenden mit Behinderung Nachteilsausgleiche zu gewähren, ist eine Möglichkeit gleiche Chancen und Zugänglichkeit zum Lernen im Hochschulsetting zu versichern.	790	17	4.31	1.17	.69
AF01_38: Ich bin bereit, für einen Studierenden mit dokumentierter Behinderung, den Umfang der Pflichtliteratur zu reduzieren, obwohl ich dies für Studierende ohne Behinderung nicht genehmigen würde.	781	26	3.07	1.34	.41
AF01_39: Ich bin bereit Studierende mit einer dokumentierten Behinderung hinsichtlich einer Zeitverlängerung für Prüfungen zu unterstützen.	795	12	5.04	.97	.71

Faktor 2: Wissen im Kontext von Behinderung (Abk. Wissen)

Inwiefern die Befragten Wissen im Kontext von Behinderung in Bezug auf relevante Gesetze, technische Hilfsmittel und adäquate Anpassungen besaßen, ist Inhalt von Faktor 2.

Tabelle 12: Werte des Faktors Wissen im Kontext von Behinderung

Beschriftung	% σ^2	n	NA	χ	sd	median	min	max	α
Wissen im Kontext von Behinderung	8,7	774	33	2.90	1.08	2.89	1	6	.86

Tabelle 13: Item-Kennwerte der Skala Wissen im Kontext von Behinderung (Faktor 2)

Item	n	NA	χ	sd	r_{it}
AF01_02: Ich fühle mich sicher in meinem Verständnis der Inhalte der gesetzlichen Definition von Behinderung.	806	1	3.42	1.28	.64
AF01_23: Aktuell habe ich kein angemessenes Wissen, um adäquate Anpassungen für Studierende mit Behinderung in meiner Lehrveranstaltung umzusetzen.					
AF01_23rek	798	9	2.97	1.25	.57
AF01_32: Ich fühle mich sicher in meinem Verständnis der Inhalte der Behindertenrechtskonvention der Vereinten Nationen (UN-BRK).	784	23	2.61	1.42	.78
AF01_35: Ich fühle mich sicher in meinem Verständnis der Inhalte des neunten Sozialgesetzbuches (SGB IX) zum Thema „Rehabilitation und Teilhabe von Menschen mit Behinderungen".	780	27	2.40	1.33	.75
AF01_33: Ich bin mir über technische Hilfsmittel bewusst, die Studierende mit Behinderung zu Hilfe nehmen können, um das Lehrveranstaltungsmaterial besser zu verstehen.	786	21	3.20	1.32	.68

Mit einem Mittelwert von 2.90 (sd= 1.08) gaben die Teilnehmer/innen ein (eher) geringes Wissen an (Tabelle 12). Insbesondere die Inhalte der UN-BRK und des SGB IX waren wenig bekannt. Mit der Definition von Behinderung waren die Befragten hingegen eher vertraut (Tab. 13). Insgesamt wies dieser Faktor die geringste Zustimmung auf.

Faktor 3: Bereitschaft Zeit für inklusive Lehr-Lernsettings zu investieren (Abk.: Zeit)

Inwieweit die Befragten bereit waren, Zeit für inklusive Lehr-Lernsettings zu investieren, wurde in Faktor 3 abgefragt. Insgesamt waren die Teilnehmer/innen dazu eher bereit (χ= 3.85; sd= 1.03; Tab. 14). Generell würde Zeit zur Prüfungsvorbereitung für Studierende mit und ohne Beeinträchtigung aufgewendet. Die Möglichkeit im Lehrplan festzuhalten, dass SmB ihre Bedürfnisse mit den Lehrenden besprechen können, wurde hingegen (eher) abgelehnt (Tab. 15).

Tabelle 14: Werte des Faktors Bereitschaft Zeit für inklusive Lehr-Lernsettings zu investieren

Beschriftung	% σ^2	n	NA	χ	sd	median	min	max	α
Bereitschaft Zeit zu investieren	6,1	750	57	3.85	1.03	3.92	1	6	.70

Tabelle 15: Item-Kennwerte der Skala Bereitschaft für inklusive Lehr-Lernsettings Zeit zu investieren (Faktor 3)

Item	n	NA	χ	sd	r_{it}
AF01_07: Ich bin bereit zusätzliche Zeit aufzuwenden (z.B. über die normalen Bürozeiten hinaus), um Studierende bei der Prüfungsvorbereitung oder der Aufbereitung von Lehrveranstaltungsmaterialier zu unterstützen.	807	0	4.07	1.28	.60
AF01_09: Ich würde gerne die curricularen Anforderungen meiner Lehrveranstaltungen ändern, um eine inklusivere Lernatmosphäre für alle Studierenden zu schaffen.	800	7	3.52	1.22	.40
AF01_24: Ich bin bereit zusätzliche Zeit (z.B. über die normalen Bürozeiten hinaus) für Treffen mit Studierenden mit dokumentierter Behinderung aufzuwenden, um mit ihnen Lehrveranstaltungsinhalte zu klären bzw. zu wiederholen oder sie für eine Prüfung vorzubereiten.	800	7	3.93	1.30	.60
AF01_31: Ich halte das Angebot für Studierende mit Behinderung, ihre Bedürfnisse mit mir zu besprechen, in meinem Lehrplan fest.	756	51	2.99	1.22	.35

Faktor 4: Zugänglichkeit von (Kurs-) Materialien (Abk.: Zugänglichkeit)

Tabelle 16: Werte des Faktors Zugänglichkeit von (Kurs-) Materialien

Beschriftung	% σ^2	n	NA	χ	sd	median	min	max	α
Zugänglichkeit von (Kurs-) Materialien	4,6	780	27	4.86	.87	5.00	1	6	.74

Tabelle 17: Item-Kennwerte der Skala Zugänglichkeit von (Kurs-) Materialien (Faktor 4)

Item	n	NA	χ	sd	r_{it}
AFC1_05: Ich bin bereit Kopien oder Übersichten meiner Vorlesungsmaterialien für Studierende mit dokumentierter Behinderung zur Verfügung zu stellen.	805	2	5.06	1.13	.57
AFC1_14: Wenn es notwendig ist, bin ich dazu bereit, Studierenden mit dokumentierter Behinderung die Aufnahme von Lehrveranstaltungssitzungen zu erlauben.	795	12	4.43	1.27	.44
AFC1_20: Ich bin bereit Technologien zu nutzen, um meine Lehrveranstaltungsmaterialien in verschiedenen Formaten verfügbar zu machen (z.B. Podcast der Sitzung als Download, Literatur als mp3-Datei).	801	6	4.27	1.27	.51
AFC1_25: Ich bin bereit Kopien meiner Overheadfolien und/oder PowerPoint Präsentationen für Studierende mit dokumentierter Behinderung zur Verfügung zu stellen.	800	7	5.12	1.06	.62
AF01_26: Ich stelle meine Vorlesungsmaterialien für alle Studierenden (auf einer Hochschullernplattform oder Hochschulwebsite) online.	798	9	4.96	1.38	.42

Die Ausprägung dieses Faktors verdeutlicht, dass die Befragten (eher) dazu bereit waren (χ= 4.86; sd= .87; Tab. 16) Materialien, z.B. Vorlesungsmaterialien zugänglich zu machen, auch wenn sie dem zur Verfügung stellen von Materialien in verschiedenen Formaten oder der Aufnahme von Vorlesungen verhaltener zustimmten. Dennoch war dies der Faktor mit der höchsten Gesamtausprägung (Tab. 17).

Faktor 5: Leistungserwartungen

Mit einem Mittelwert von 4.73 (sd= .74; Tab. 18) in Faktor 5 deuteten die Teilnehmer/innen eine eher hohe Leistungserwartung von SmB an. Der Aussage, dass SmB an der Hochschule erfolgreich sein können, auch mit einer Lernbehinderung, wurde (eher) zugestimmt (Tab. 19).

Tabelle 18: Werte des Faktors Leistungserwartungen

Beschriftung	% σ^2	n	NA	χ	sd	median	min	max	α
Zugänglichkeit von (Kurs-) Materialien	3,7	706	101	4.73	.74	4.75	1	6	.61

Tabelle 19: Item-Kennwerte der Skala Leistungserwartungen (Faktor 5)

Item	n	NA	χ	sd	r_{it}
AF01_06: Studierende mit Behinderung sind auf Hochschulniveau wissenschaftlich wettbewerbsfähig.	798	9	4.82	1.07	.43
AF01_08: Ich glaube, dass Studierende mit Lernbehinderung an der Hochschule erfolgreich sein können.	805	2	4.39	1.29	.32
AF01_28: Studierende mit Behinderung erbringen in der Regel weniger gute Leistungen als die restlichen Studierenden in meinen Lehrveranstaltungen.					
AF01_28rek	711	96	4.55	1.07	.47
AF01_36: In meinen Lehrveranstaltungen sollten Studierende mit Behinderungen in der Lage sein, gleich gute Leistungen wie Studierende ohne Behinderung zu erbringen.	794	13	5.04	.93	.37

Faktor 6: Unterstützungsangebote

Durch diesen Faktor wird erfasst, ob die Befragten Unterstützungsangebote kannten und der Meinung waren, sie und SmB erhielten adäquate Unterstützung. Der Mittelwert von 3.82 (sd= .91; Tab. 20) zeigt eine Tendenz zu einer insgesamt eher positiven Wahrnehmung, welche sich auch in Bezug auf die Unterstützungsangebote für Lehrende wiederholt. Der Aussage, dass SmB eine solche Unterstützung erhielten, wurde eher zugestimmt (Tab. 21).

Tabelle 20: Werte des Faktors Unterstützungsangebote

Beschriftung	% σ^2	n	NA	χ	sd	median	min	max	α
Unterstützungsangebote	3,5	734	73	3.86	.91	3.75	1.28	6	.67

Tabelle 21: Item-Kennwerte der Skala Unterstützungsangebote (Faktor 6)

Item	n	NA	χ	sd	r_{it}
AFC1_30: Ich erhalte adäquate Unterstützung von den zuständigen Beratungsstellen, um angemessene Anpassungen für Studierende mit dokumentierter Behinderung vorzunehmen.	742	65	3.57	1.17	.58
AFC1_11: Studierende mit dokumentierter Behinderung, die um Unterstützung bitten, erhalten diese in adäquater Form von den zuständigen Beratungsstellen.	781	26	4.18	.90	.41
AFC1_18: Wenn Studierende mit Behinderung Probleme in meinen Lehrveranstaltungen haben, bin ich mir unsicher, wo ich zusätzliche Unterstützung an meiner Hochschule finden kann.					
AF01_18rek	796	11	3.67	1.47	.53

Faktor 7: Ambivalenz von Anpassungen bei Kursleistungen und -anforderungen (Abk. Ambivalenz)

Innerhalb des letzten Faktors wurden Gründe benannt, die rechtfertigen würden, dass Anpassungen nicht umgesetzt werden. Der Mittelwert von 4.69 (sd= .81) zeigt, dass die Befragten den verschiedenen Rechtfertigungsgründen widersprachen (Tab. 22). Zeitmangel stellte dabei den Aspekt dar, der noch am ehesten als Begründung akzeptiert wurde. Die Aussagen, NTAe seien unfair oder Behinderungen würden als Ausrede genutzt, wurden (eher) abgelehnt (Tab. 23).

Tabelle 22: Werte des Faktors Ambivalenz von Anpassung von Kursleistungen und -anforderungen

Beschriftung	% σ^2	n	NA	χ	sd	median	min	max	α
Ambivalenz von Anpassung von Kursleistungen und -anforderungen	3	735	72	4.69	.81	4.76	1	6	.76

Tabelle 23: Item-Kennwerte der Skala Ambivalenz von Anpassungen bei Kursleistungen und -anforderungen (Faktor 7)

Item	n	NA	χ	sd	r_{it}
AF01_03: Lehranpassungen für Studierende mit dokumentierter Behinderung zu gewähren, ist Studierenden ohne Behinderung gegenüber unfair.					
AF01_03rek	806	1	4.92	1.16	.61
AF01_04: Adäquate Anpassungen für Studierende mit dokumentierter Behinderung in meinen Lehrveranstaltungen umzusetzen, ist aus Zeitgründen und anderen Jobanforderungen unrealistisch.					
AF01_04rek	805	2	4.04	1.29	.44
AF01_10: Ich glaube, dass Studierende ihre Behinderungen als Ausrede nutzen, wenn sie in meiner Lehrveranstaltung nicht gut abschneiden.					
AF01_10rek	799	8	4.94	1.03	.47
AF01_34: Manchmal belastet es mich, wenn sich Studierende mit Behinderung mit Anfragen bezüglich eines Nachteilsausgleichs an mich wenden.					
AF01_34rek	742	65	4.66	1.09	.45
AF01_29: Studierenden mit einer dokumentierten Behinderung Nachteilsausgleiche für Prüfungen zu gewähren (z.B. Zeitverlängerung), ist unfair gegenüber Studierenden ohne Behinderung.					
AF01_29rek	787	20	4.86	1.11	.67

4.2.2.4 Einfluss personen- und hochschulbezogener Faktoren

Die Darstellung dieser Ergebnisse orientiert sich an der Reihenfolge der Items. Die signifikanten inferenzstatistischen Ergebnisse mit d> .2 sind Tabelle 24 zu entnehmen.

Geschlecht
Ausgewertet wurden die Antwortmöglichkeiten männlich, weiblich und divers, wobei letzte auf Grund einer zu geringen Stichprobengröße (n=8) entfiel. Generell fielen die Werte der Frauen tendenziell etwas höher aus, mit Ausnahme des 6. Faktors (Unterstützungsangebote) (Abb. 6). Bedeutsam war dies mit kleinen bis mittleren Effekten bei den Faktoren 1 (*Unterstützung bei NTAen*), 3 (*Zeit*) und 7 (*Ambivalenz von Kursanpassungen*; Tab. 24-G).

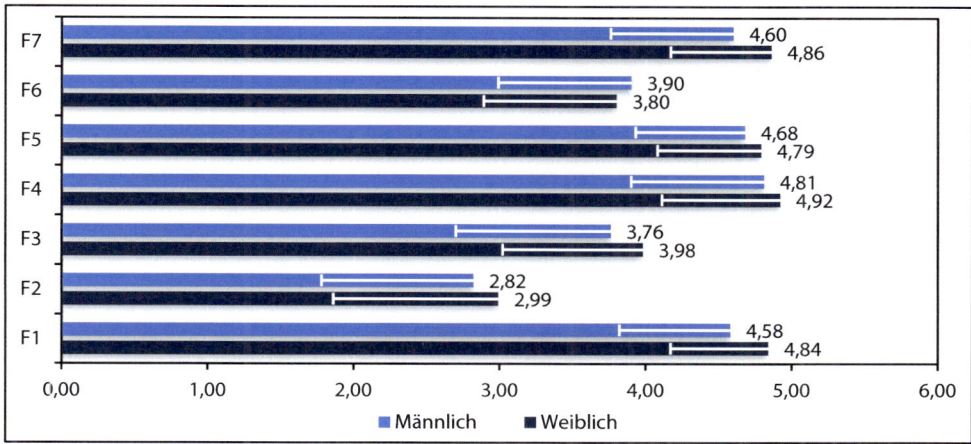

Abbi dung 6: Geschlechtsabhängige Vergleiche der Faktoren 1-7

Alter

„Alter" umfasste drei Ausprägungen (< 35J., 36-50 J. und > 50J.). Die erzielten Werte stiegen tendenziell mit dem Alter (Abb.7). Ausnahmen bildeten Faktor 4 (*Zugänglichkeit*), der gegenläufige Ergebnisse aufzeigte und Faktor 5 (*Leistungserwartungen*), dessen Ergebnisse vergleichbar waren. Kleine bis mittlere Effekte zeigten sich bei den Faktoren 2 (*Wissen*) und 6 (*Unterstützungsangebote*) (vgl. Tabelle 24-A).

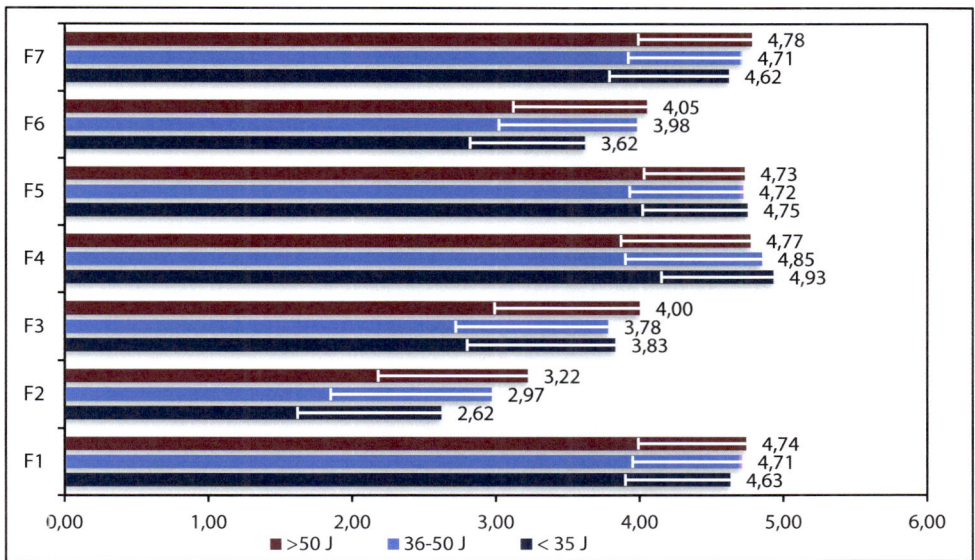

Abbildung 7: Altersabhängige Vergleiche der Faktoren 1-7

Beschäftigungsverhältnis

Das Beschäftigungsverhältnis umfasste die Ausprägungen „befristet" und „unbefristet". Die Antwortmöglichkeit „Sonstiges" wurde auf Grund der kleinen Stichprobenzahl (n=10) nicht berücksichtigt. Bei fünf Faktoren wiesen diejenigen mit einem unbefristeten Arbeitsvertrag tendenziell einen höheren mittleren Skalenwert auf (Abb. 8), der bei den Faktoren 2 (Wissen- klein) und 6 (Unterstützungsangebote- mittel) statistisch bedeutsam war (Tab. 24-B).

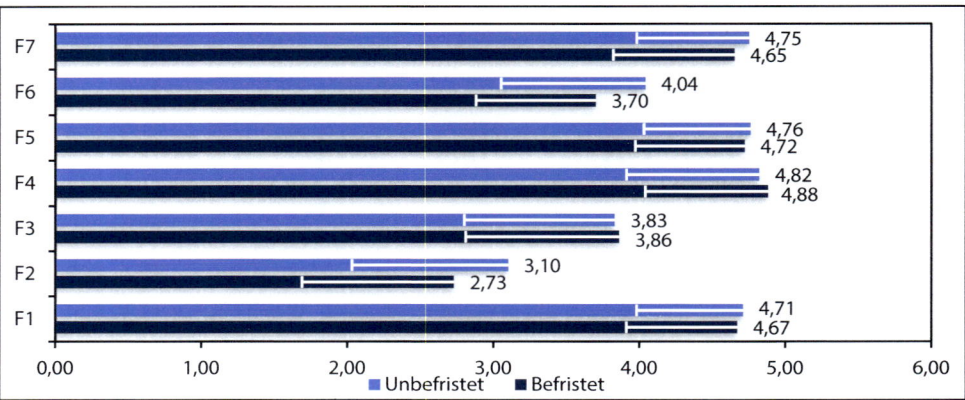

Abbildung 8: Vergleich der Faktoren 1-7 in Abhängigkeit des Beschäftigungsverhältnisses

Fakultät

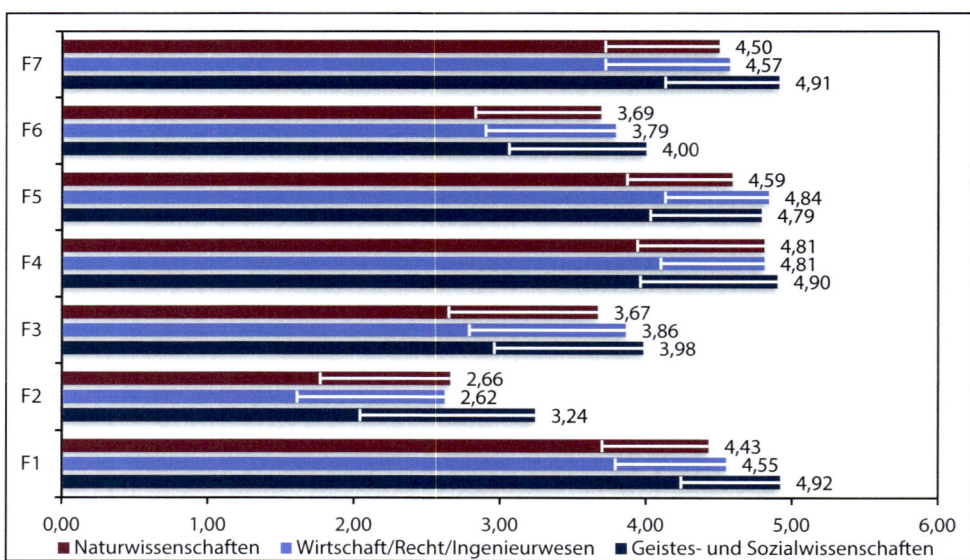

Abbildung 9: Vergleich der Faktoren 1-7 in Abhängigkeit der Fakultätszugehörigkeit

Im Vergleich der Skalenausprägungen in Abhängigkeit der Fakultätszugehörigkeit zu den Geistes- und Sozialwissenschaften, Wirtschaft/Recht/Ingenieurwesen, Naturwissenschaften und „Sonstige" (nur 6,7% der Befragten, deshalb unberücksichtigt) wiesen Vertreter/innen der Geistes- und Sozialwissenschaften vermehrt die höchsten Werte auf (Abb. 9). Statistisch bedeutsam Waren diese bei allen Faktoren (mit Ausnahme Faktor 4 *Zugänglichkeit)* mit mittleren bis starken Effekten (Tab. 47-F).

Dienstjahre

Die Dienstjahre wurden in folgende Gruppen gegliedert: unter 3 Jahre, 3-5 Jahre, 6-10 Jahre und über 10 Jahre. Ähnlich wie bei der Variable Alter zeigte sich ein leichter Trend zu höheren Werten bei längerer Dienstzeit (Abb. 10). Kleine und mittlere Effekte konnten bei den Faktoren 2 (*Wissen*) und 6 (*Unterstützungsangebote*) nachgewiesen werden (Tab. 24-Bd). Faktor 6 weist bei Lehrenden mit kürzester und längster Dienstzeit einen starken Effekt auf, verglichen mit den übrigen Gruppen.

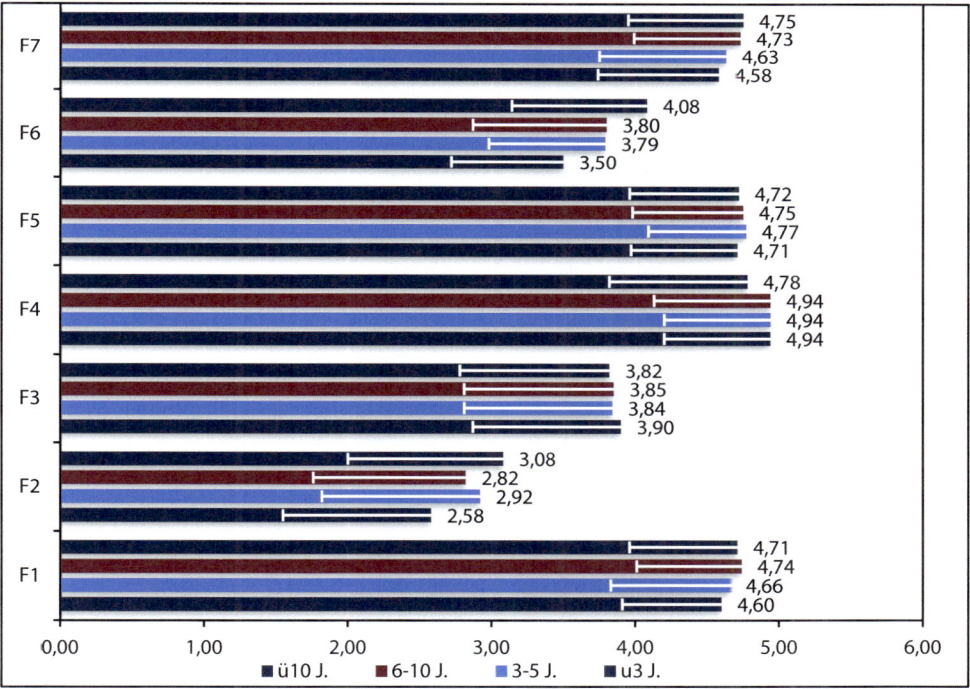

Abbildung 10: Vergleich der Faktoren 1-7 in Abhängigkeit der Dienstjahre

Verpflichtungscharakter der Lehrveranstaltungen

Beim Verpflichtungscharakter der Lehrveranstaltung wurde zwischen Pflichtfächern, Wahlfächern und Tutorien unterschieden (Abb. 11). Die Ausprägung „Sonstiges" wurde auf Grund einer Stichprobengröße von 13 Lehrenden nicht berücksichtigt. Lehrende, die Pflichtfächer lehren, wiesen in der Regel höhere Werte auf, die mit kleinen bis mittleren Effekte bei den Faktoren 1 (*Unterstützung bei NTAen*), 2 (*Wissen*), 6 (*Unterstützungsangebote*) und 7 (*Ambivalenz bei Anpassungen*; Tab. 24-Sf) statistisch bedeutsam waren.

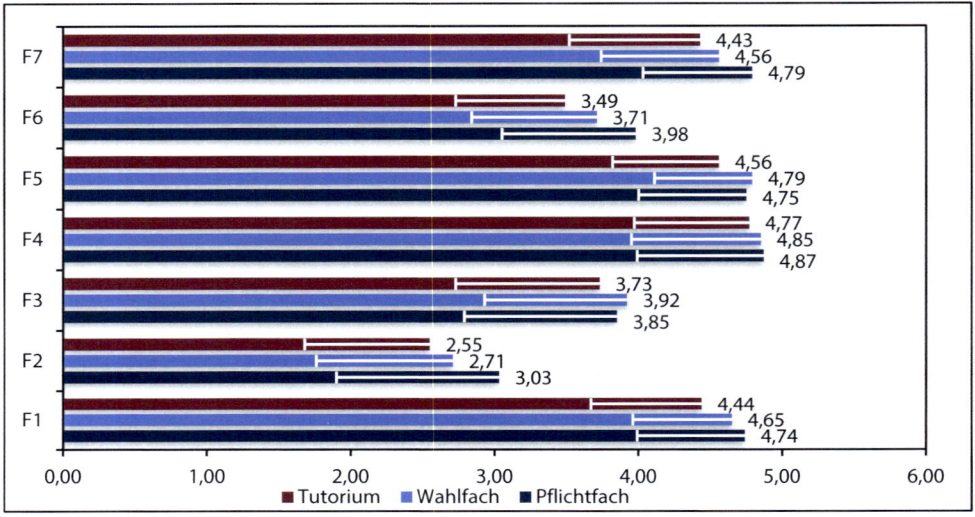

Abbildung 11: Vergleich der Faktoren 1-7 in Abhängigkeit des Verpflichtungscharakters der Lehrveranstaltung

Lehre in Abhängigkeit der Studiengangart

Lehrende, die primär im Lehramtsbereich unterrichteten, wiesen zumeist höhere Werte auf als diejenigen von Bachelor-, Master- oder Promotionsstudiengängen (Abb. 12). Bedeutsame Effekte sind diesbezüglich in Tabelle 24-S zu finden und waren über alle Faktoren, mit Ausnahme des 6. (*Unterstützungsangebote*), statistisch bedeutsam. Dabei fanden sich tendenziell eher kleine Effekte im Vergleich der Lehrenden im Lehramtsbereich zu Lehrenden in Bachelorstudiengängen, und mittlere bis starke Effekte im Vergleich zu Lehrenden in Master- und Promotionsstudiengängen.

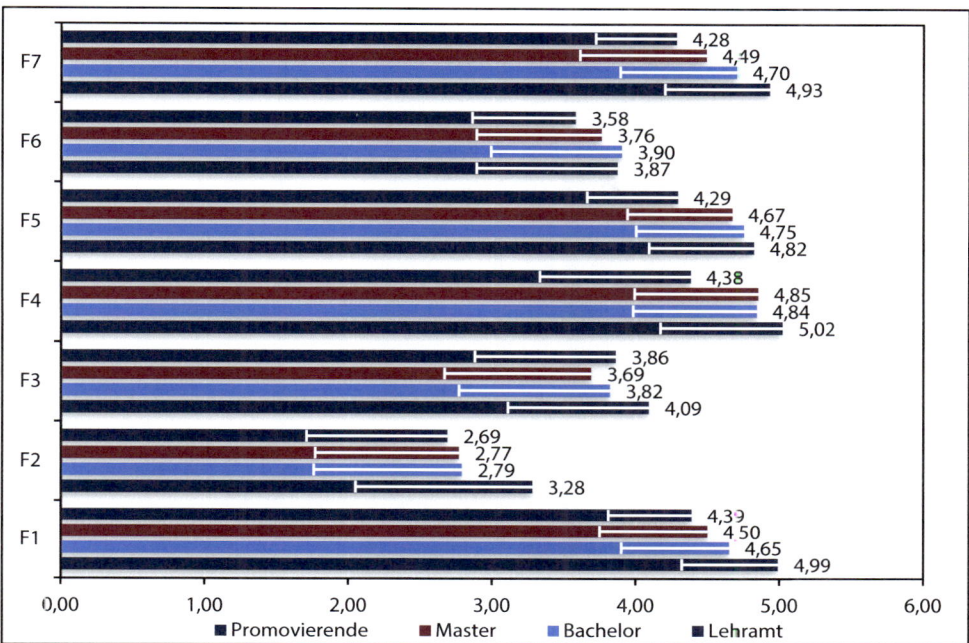

Abbildung 12: Vergleich der Faktoren 1-7 in Abhängigkeit der Studiengangart

Kontakthäufigkeit mit SmB

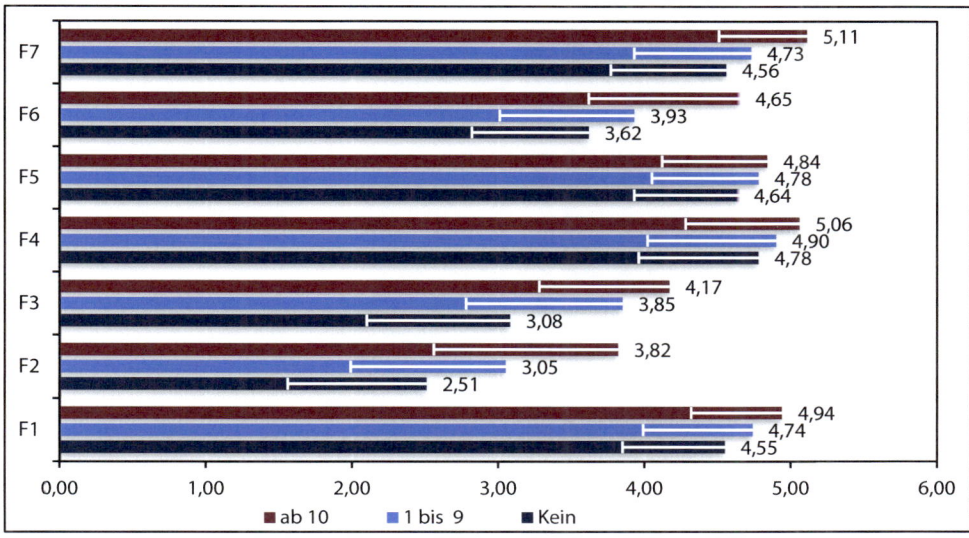

Abbildung 13: Vergleich der Faktoren 1-7 in Abhängigkeit der Kontakthäufigkeit mit SmB

Der bisherige Kontakt zu SmB wurde in drei Gruppen aufgeteilt: zu Keinem, 1-9 und ab 10 Kontakten. Die Antworten der Ausprägung „Ich bin mir nicht sicher, ca.", (n=10) wurden in der Analyse nicht miteinbezogen. Je mehr Kontakte bereits stattfanden, desto höher waren stets die gewonnen Werte (Abb. 13). Dies zeigt sich ebenfalls über kleine bis mittlere Effekte bei den Faktoren 1 (*Unterstützung bei NTAen*), 2 (*Wissen*), 3 (*Zeit*) und 7 (*Ambivalenz von Kursanpassungen*; Tab. 24-K).

Erfahrungskontext

Der Erfahrungskontext mit MmB wurde über vier Ausprägungen erfasst und konnten mit ja/nein beantwortet werden: Erfahrungen durch eigene Behinderung, Familie/Freunde/Bekannte, SmB und keine Erfahrungen. „Sonstige" Erfahrungen (n=20) wurden in der Analyse nicht berücksichtigt. Dabei fanden sich höhere Werte meist in der Gruppe mit Erfahrungen mit SmB (Abb. 14), niedrigere hingegen überwiegend bei Lehrenden, die noch keinerlei Erfahrungen mit MmB hatten, von dieser Aussage ausgenommen ist Faktor 4 (*Zugänglichkeit*). Die statistisch bedeutsamen Effekte im Gruppenvergleich wiesen allerdings überwiegend kleine Effektstärken auf, mit Ausnahme der Subgruppe der Lehrenden mit eigener Behinderung (Tab. 24-E).

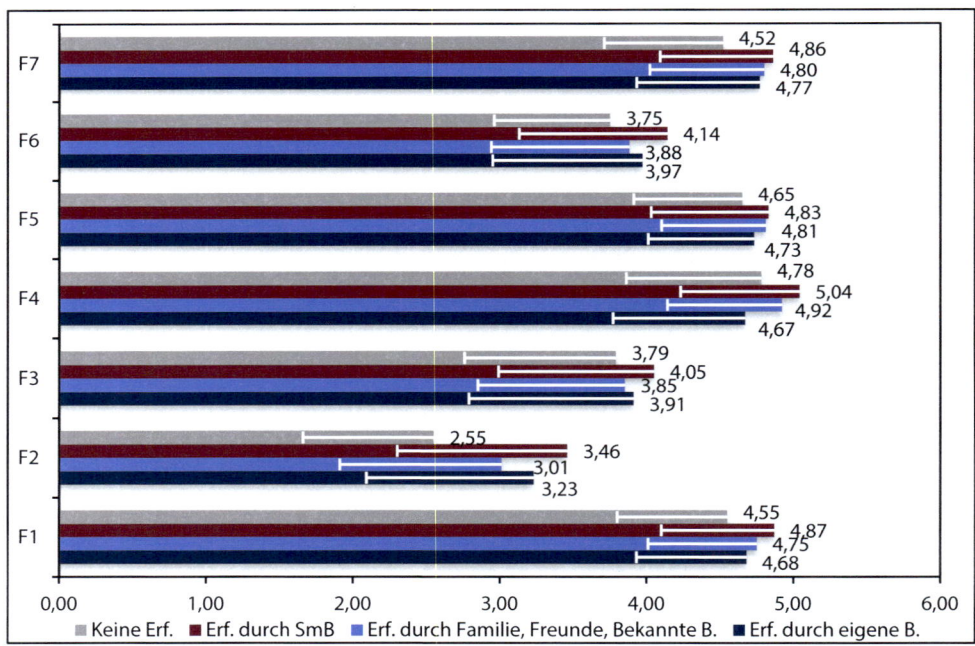

Abbildung 14: Vergleich der Faktoren 1-7 in Abhängigkeit des Erfahrungskontext mit MmB

Weiterbildung

Die Teilnahme an Weiterbildungen umfasste die Ausprägungen Fortbildung, autodidaktische Weiterbildung und keine Weiterbildung (jeweils ja/nein). Dabei zeigten Lehrende mit
Fortbildungserfahrung höhere Werte über alle Faktoren hinweg (Tab. 24-Wb) als solche
ohne Fortbildung (Abb. 15), welche von kleiner bis mittlerer Effektstärke waren, mit Ausnahme eines starken Effekts bei Faktor 2 (*Wissen*).

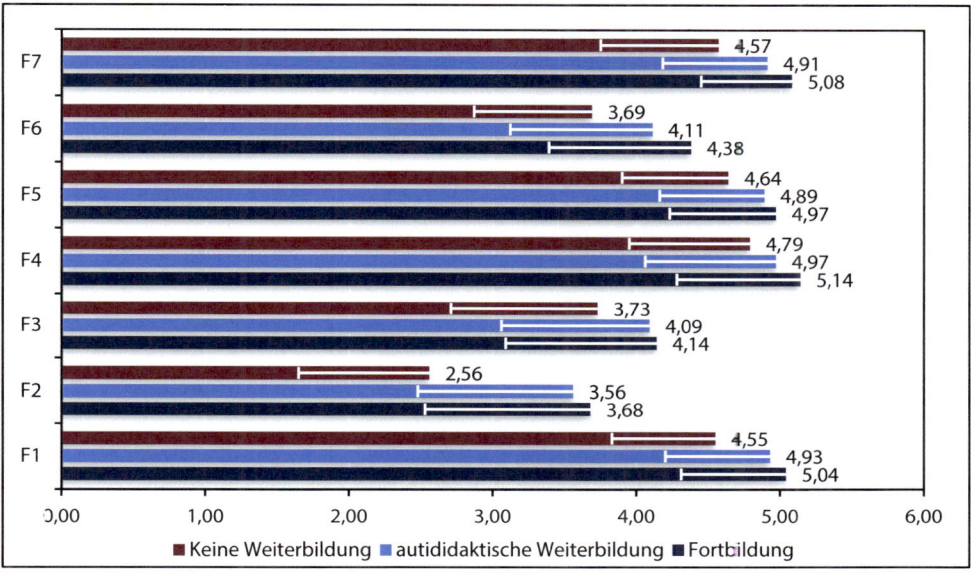

Abbildung 15: Vergleich der Faktoren 1-7 in Abhängigkeit der Weiterbildungsart

Subgruppen		F1 χ/χ	F1 d	F2 χ/χ	F2 d	F3 χ/χ	F3 d	F4 χ/χ	F4 d	F5 χ/χ	F5 d	F6 χ/χ	F6 d	F7 χ/χ	F7 d
G	Weiblich/Männlich	4.84/4.58	.55											4.86/4.60	.55
A	<35J/36-50J			2.62/2.97	.44	3.98/3.76	.41					3.62/3.98	.60		
	<35J/>50J			2.62/3.22	.70							3.62/4.05	.72		
	36-50J/>50J			2.97/3.22	.37										
B	Befristet/Unbefristet			2.73/3.10	.47							3.79/4.04	.61		
F	GuS.ws/WRI	4.92/4.55	.62	3.24/2.62	.58									4.91/4.57	.61
	G.-u. Soz./Ntw.	4.92/4.43	.90	3.24/2.66	.62	3.98/3.67	.52			4.79/4.59	.64	4.00/3.69	.59	4.91/4.50	.78
	WRI/Ntw.									4.84/4.59	.68				
Bd	U3 J./3-5J.			2.58/2.82	.37							3.50/3.79	.57		
	U3 J./6-10J.			2.58/2.92	.41							3.50/3.80	.60		
	U3 J./Ü10 J.			2.58/3.08	.59							3.50/4.08	.83		
	3-5 J./Ü10 J.			2.82/3.08								3.79/4.08	.50		
	6-10 J./Ü10 J.			2.92/3.08	.35							3.80/4.08	.52		
Sf	Pflichtfach/Wahlfach		.	3.03/2.71	.36							3.98/3.71	.50	4.79/4.56	.46
	Pflichtfach/Tutorium	4.74/4.44	.50	3.03/2.55	.42							3.98/3.49	.62	4.79/4.43	.53
S	Lehramt/Bachelor	4.99/4.65	.58	3.28/2.79	.46	4.09/3.82	.46	5.02/4.84	.32					4.93/4.70	.45
	Lehramt/Master	4.99/4.50	.86	3.28/2.77	.53	4.09/3.69	.54	5.02/4.85	.32					4.93/4.49	.78
	Lehramt/Promo.	4.99/4.39	.82	3.28/2.69	.44	4.09/3.86	.32	5.02/4.38	.54	4.82/4.29	.95			4.93/4.28	.79
	Bachelor/Promo.							4.84/4.38	.27	4.75/4.29	.86			4.70/4.28	.41
	Bachelor/Master	4.65/4.50	.41											4.70/4.49	.50
K	Kein K./1-9 K.	4.55/4.74	.45	2.51/3.05	.65							3.62/3.93	.62	4.56/4.73	.53
	Kein K./ab 10 K.	4.55/4.94	.52	2.51/3.82	.75							3.62/4.65	.76	4.56/5.11	.60
	1-9 K./ab 10 K.			3.05/3.82	.36							3.93/4.65	.42	4.73/5.11	.30
E	E. durch Fa/F/B (n/j)	4.63/4.75	.39	2.80/3.01	.32									4.61/4.80	.49
	E. durch SmB (n/j)	4.64/4.87	.42	2.75/3.46	.56	3.79/4.05	.32	4.81/5.04	.29			3.78/4.14	.46	4.65/4.86	.37
	Keine E. (n/j)	4.77/4.55	.51	3.13/2.55	.62					4.79/4.65	.60	3.92/3.75	.48	4.80/4.52	.60
Wb	Fortbildung (n/j)	4.65/5.04	.40	2.81/3.56	.49	3.82/4.14	.36	4.83/5.14	.31	4.71/4.97	.37	3.80/4.38	.43	4.65/5.08	.42
	Autodidakt (n/j)	4.59/4.93	.60	2.64/3.56	.86	3.75/4.09	.45	4.82/4.97	.29	4.67/4.89	.55	3.75/4.11	.52	4.61/4.91	.52
	Keine Wb. (n/j)	4.94/4.55	.65	3.55/2.56	.95	4.07/3.73	.41	4.99/4.79	.33	4.90/4.64	.60	4.17/3.69	.63	4.93/4.57	.58

Abk.: χ/χ: Mittelwert Gruppe 1/Mittelwert Gruppe 2; G: Geschlecht; A: Alter; B: Beschäftigungsverhältnis; F: Fakultät; Bd: Beschäftigungsdauer; Sf: Seminarform; S: Studierendenschaft; K: Kontakt; E: Erfahrung; Fa/F/B: Familie/Freunde/Bekannte; Wb: Weiterbildung (Fortbildung und/oder Autodidakt/in); GuS.ws: Geistes- und Sozialwissenschaften; WIR: Wirtschaft, Recht und Ingenieurwesen; Ntw.: Naturwissenschaften; Promo.: Promovierende; (n/j): (nein/ja).

5 Diskussion

Im Folgenden werden die qualitativen und quantitativen Ergebnisse des Mixed-Methods-Ansatzes in den Kontext der bisherigen einschlägigen Theoriebefunde eingeordnet, um Gelingensbedingungen einer inklusionsorientierten Hochschulgestaltung herauszustellen. In diesem Kontext erscheinen folgende Aspekte für Lehrende und Stakeholder, wie Beauftragte, relevant, um eine inklusionsorientierte Hochschulbildung realisieren zu können: (1) ein adäquater Wissensstand in Bezug auf themenrelevante gesetzliche und beeinträchtigungsbezogene Aspekte, (2) ein hinreichendes Maß an Sensibilität für und positiver Einstellung zu SmB, (3) eine nachhaltige Förderung von themen- und adressatenspezifischen Weiterbildungen und (4) gezielte Netzwerkförderung.

5.1 Themenspezifischer Wissensstand von Lehrenden und Beauftragten

Aus der Vielzahl an möglichen Barrieren für SmB, die baulicher, organisatorischer, kommunikativ-informationeller, didaktischer, struktureller und einstellungsbezogener Natur sein können (Garrison-Wade, 2012; Klein & Schindler, 2016; Moriña, 2017), fällt es den befragten Lehrenden z.T. schwer konkrete Barrieren für SmB zu identifizieren, die über die baulichen hinausgehen. Die Beauftragten offenbaren diesbezüglich höhere Kompetenzen, wobei auch ihr erster Gedanke häufig baulichen Barrieren galt. Es scheint v.a. bei den Lehrenden literaturkonform (Klein & Schindler, 2016) häufig noch das typische Bild von körperlicher Beeinträchtigung (Rollstuhlfahrer) zu dominieren, auch wenn es aus Sicht der SmB weitere wichtige Barrieren zu bewältigen gilt (DSW, 2018; Moriña, 2017). Von SmB wurden häufig z.B. informationelle Barrieren in Bezug auf Kursmaterialien, Zugang zu technischen Hilfsmitteln oder zu Lehrwerken literaturkonform genannt (DSW, 2018; Moriña, 2017), wobei die Schaffung von mehr Barrierefreiheit von vielen Lehrenden als zeit-und/oder kostenintensiv eingestuft wurde. Eine deutliche Bereitschaft zur Unterstützung bei diesbezüglichen angemessenen Vorkehrungen wurde auch von den Lehrenden signalisiert (vgl. Tab. 9, Faktor 1), die Bereitschaft entsprechend zusätzliche Zeit dafür aufzubringen wurde allerdings weniger deutlich (vgl. Tab. 9, Faktor 3). Die Beauftragten unterstützten Lehrende und SmB in diesem Kontext (vgl. Kap. 4.1), obwohl auch sie monieren, dass ihnen hinreichende zeitliche, finanzielle und personelle Kapazitäten dafür oftmals fehlten (Deutsches Studentenwerk, 2014; Hochschulrektorenkonferenz, 2009). Auch die häufige Benennung des stark verschulten und unflexiblen Bachelorstudiums (z.T. auch Masterstudium) als studienstrukturelle Barriere bestätigt bereits vorhandene Befunde aus Studierendensicht (unflexibler Stundenplan, starre Vorgaben des Studienverlaufsplans, etc.) (DSW, 2013). Das starre Studiensystem übe laut der Interviewten nicht nur erhöhten Druck auf alle Studierenden aus, sondern ließe auch kaum individuelle Entwicklungs- und Ausweichmöglichkeiten zu, was für SmB als besonders problembehaftet zu sehen ist (Hochschulrektorenkonferenz, 2009; Klein & Schindler, 2016; Moriña, 2017). Konkret stellten v.a. starre,

sehr detaillierte Prüfungsvorgaben aus Sicht einiger Lehrenden ein Hindernis für eine un-
komplizierte Unterstützung von SmB dar. In wenigen Fällen wurden auch Studiengänge
mit Eignungsprüfungen als ungerechtfertigte Barrieren wahrgenommen.

Die in der Literatur häufiger beschriebene besondere Vulnerabilität von SmB zu Stu-
dienbeginn (Garrison-Wade, 2012; Leake & Stodden, 2014; Moriña, 2017) bedingt durch
die Notwendigkeit vielfältiger zeitkritischer Neuorientierungen (ggf. Umzug/Ortswechsel,
Aufbau neuer Unterstützungssysteme und sozialer Netzwerke, mehr Eigenständigkeit, Organisation von Nachweisen für NTAe, etc.) wurde in den qualitativen Interviews nur indi-
rekt und im Einzelfall insofern angesprochen, dass ein mehrwöchiges Vorstudium den
Übergang zum Studium erleichtern könne. Auch Empowerment-Strategien zur Stärkung
von Eigenkompetenzen der SmB (u.a. Selbsthilfe, -bestimmung, -wirksamkeit(serwartung)
und -management) (Fisseler, 2016; Garrison-Wade, 2012), die nachweislich den Übergang
zum Studium erleichtern können oder persönliche Netzwerke mit Kommiliton/innen und
Familienangehörigen (Crosling et al., 2009; Lombardi, Murray et al., 2016) sowie Men-
tor/innen aus höheren Jahrgängen (Patrick & Wessel, 2013) kamen nur sehr vereinzelt zur
Sprache.

Als konkrete Möglichkeiten zur Reduzierung von Barrieren wurden von Beauftragten
und Lehrenden die Standardisierung von Anträgen für NTAe, die Zuhilfenahme von technischen Hilfsmitteln für SmB, die Möglichkeit auf Semesterteilzeit, die Flexibilisierung von
Prüfungsformen, das Arbeiten in kleineren Gruppen, die Einführung oder der Ausbau von
Leitsystemen für Sehbeeinträchtigte sowie der Einbau von Aufzügen oder Rampen genannt,
was konkreten Standardmaßnahmen zur Herstellung von Barrierefreiheit sowie angemessenen Vorkehrungen entspricht (Moriña et al., 2016; Peschke, 2019). Dabei wurden deutlich
häufiger reaktive angemessene Vorkehrungen auf der Individualebene als proaktive systemische Maßnahmen zur Herstellung von Barrierefreiheit angeführt. Zugehörige Prinzipien
zur Herstellung von Barrierefreiheit im Sinne des UD (Burgstahler, 2009; McGuire, 2014)
wurden allerdings weder von Beauftragten noch Lehrenden explizit genannt. Die quantitativen und qualitativen Ergebnisse lassen diesbezüglich zwar implizites Interesse und eine
Bereitschaft zur Übernahme von Elementen des Universal Design of Instruction (UDI) erkennen, allerdings scheint der konkrete mögliche Nutzen von UD z.B. für eine Reduzierung
von NTAen (Burgstahler, 2009; Peschke, 2019) sowie für SmB (insb. SmnsB), die sich aus
unterschiedlichen Gründen nicht offenbaren wollen, nicht bekannt oder zumindest nicht
präsent, sodass diesbezüglich Handlungsbedarf besteht.

Mangelnde Kenntnisse von Lehrenden zu studienerschwerenden Beeinträchtigungen
und damit verbundene Unsicherheiten wurden von Lehrenden und Beauftragten literaturkonform (Moriña et al., 2016; Moriña, 2017) mehrfach als Barriere benannt (vgl. Kap. 4.1
und 4.2), was der Sicht von SmB in Deutschland entspricht, die z.B. die Kommunikation
und die Kontaktaufnahme mit bzw. seitens der Lehrenden häufig als problembehaftet sehen
(DSW, 2018, S. 116). Die Beauftragten nahmen ferner zumindest vereinzelt eine beeinträch-
tigungsabhängige Studienfachpräferenz von SmB wahr, die der Selbstauskunft von SmB in
Deutschland entspricht (DSW, 2018, S. 47; Middendorff et al., 2017, S. 37). Die Beauftragten differenzierten außerdem nahezu ausnahmslos zwischen SmsB und SmnsB sowie einzelnen Formen von Beeinträchtigungen (bspw. psychische Beeinträchtigungen und Teilleistungsstörungen) und waren sich einig, dass v.a. die Zahl der psychisch beeinträchtigten

Studierenden zu nimmt und diese eine besondere Herausforderung im Hochschulkontext darstellt (vgl. Kap. 4.1). Dies lässt sich empirisch durch den von 2012 bis 2018 um 8% auf 53% gestiegenen Anteil von SmB mit psychischen Beeinträchtigungen belegen (Deutsches Studentenwerk, 2012, S. 13; DSW, 2018, S. 20). Den Lehrenden hingegen fiel eine systematische Differenzierung von Beeinträchtigungen literaturkonform relativ schwer (Kupfermam & Schultz, 2015; Stein, 2013), wobei nicht-sichtbare Beeinträchtigungen häufig mit psychischen Erkrankungen gleichgesetzt wurden und nur selten und unsystematisch Bezüge z.B. zu Teilleistungsstörungen hergestellt wurden. Eine Stärkung von allgemeinen Kenntnisständen zu unterschiedlichen Beeinträchtigungen könnte zumindest Unsicherheiten im Umgang reduzieren (Debrand & Salzberg, 2005). In diesem Kontext scheint ferner ein mittlerer Effekt der Kontaktanzahl mit SmB und beeinträchtigungsbezogenen Kenntnissen bzw. der Bereitschaft zur Unterstützung vorhanden (vgl. Tab. 24, Faktoren 1, 2, 6, 7 bei Subgruppen K), sodass Maßnahmen zur Kontaktsteigerung im Rahmen von Disability Awareness Programmen im Hochschulsetting Unsicherheiten und Vorurteile abbauen helfen könnten (Roth, Pure, Rabinowitz & Kaufman-Scarborough, 2018).

Die qualitativen und quantitativen Daten der Lehrendenbefragung belegen nicht zuletzt, dass trotz der umfangreichen Stärkung der Rechte von MmB die zugehörigen gesetzlichen Vorgaben vielen Hochschullehrenden eher nicht geläufig sind und sie dies auch selbst so einschätzen (vgl. Tab. 9, Faktor 2). Dies ist konform zu früheren Befunden (Burgstahler & Moore, 2009; Vogel et al., 2008), und entspricht auch den Ergebnissen der Originalstudie (Lombardi & Murray, 2011) sowie einer Vergleichsstudie zwischen USA, Spanien und Kanada (Lombardi et al., 2015). Die interviewten Beauftragten kannten hingegen überwiegend den gesetzlichen Rahmen (vgl. Kap. 4.1) und fungieren in diesem Kontext als Netzwerkpartner/innen der Lehrenden, wobei eine detaillierte und systematische Spezifizierung auch ihnen nicht immer gelang.

5.2 Sensibilität und Einstellung der Lehrenden und Beauftragten

Ein gering ausgeprägtes Bewusstsein für die Situation von SmB korrespondiert häufig mit einem Mangel an Sensibilität (Baker et al., 2012), daher erachten die interviewten Beauftragten u.a. „Aufklärung und Sensibilisierung" als eine ihrer Hauptaufgaben (vgl. Kap. 4.1), was im internationalen Kontext ebenso für die *DS* gilt (Lyman et al., 2016; Scott et al., 2016). Die Beauftragten erschienen überwiegend sensibilisiert, was bspw. durch die Betonung der Notwendigkeit von niederschwelliger oder auch anonymer Möglichkeiten zur Kontaktaufnahme der SmB deutlich wird. Die Lehrenden scheinen tatsächlich gegenüber SmB im Allgemeinen und v.a. SmnsB im Speziellen eine deutlich geringere Sensibilität aufzuweisen, da sie deren besondere Bedürfnisse und beeinträchtigungsspezifische Barrieren nur bedingt differenzieren konnten und sich eigenständig im Kontext eines optimalen Studiums nur in Einzelfällen zu inklusionsorientierten Themen äußerten. Auf internationaler Ebene wird von SmB mitunter auch ein grundsätzlich mangelndes Bewusstsein der Lehrenden für die Notwendigkeit einer inklusionsorientierten Hochschule beanstandet (Moriña et al., 2016), was häufig mit einem Mangel an Sensibilität korrespondiert (Baker et al., 2012) und z.T. gar in einer grundsätzlichen Anzweiflung einer Beeinträchtigung münden kann (Leake & Stodden, 2014; Moriña, 2017; Vogel et al., 2008).

Hinsichtlich bedeutsamer Unterschiede zwischen SmnsB und SmsB (Leake & Stodden, 2014; Moriña, 2017; Sniatecki et al., 2015), sind sich die Beauftragten bewusst und können gezielt benennen, dass SmnsB z.B. Hemmungen haben ihre Beeinträchtigung zu offenbaren, schlechter Hilfe annehmen können und wenn Beratung in Anspruch genommen wird, sie insbesondere für psychisch beeinträchtigte Studierende zeitintensiver und schwieriger sei (Kupferman & Schultz, 2015; Venville et al., 2016). Mögliche Erklärungsgründe dafür sind: der persönliche Wunsch nach Selbstständigkeit ohne Sonderregelungen, das Bedürfnis negative soziale Reaktionen und Konsequenzen zu vermeiden sowie mögliche negativen Vorerfahrungen mit Lehrenden (Lyman et al., 2016, S. 139). Diese wurden vereinzelt genannt. Die Lehrenden äußerten bezüglich SmnsB deutliche Hemmnisse und Unsicherheiten im Umgang (vgl. Kap. 4.2). Sie bezogen dies fast ausnahmslos auf Studierende mit psychischen Beeinträchtigungen und nahmen diese, wie auch die Beauftragten, als große Herausforderung wahr (vgl. Kap. 4.1 und 4.2), für deren Umgang sie sich selbst keine hinreichenden Kompetenzen zuschrieben (Collins & Mowbray, 2008; Stein, 2013). Daher äußerten insbesondere die Lehrenden den Wunsch, häufig gar die Erwartungshaltung, dass betroffene Studierende sich ihnen offenbaren sollten. Dass eben dies SmnsB besonders schwerfällt, wird von den Lehrenden meist nicht angemessen bedacht, sodass diesbezüglich deutlicher Aufklärungsbedarf zu konstatieren ist.

Die als wesentliche Barriere erachtete Einstellung von Hochschullehrenden zu SmB (Becker & Palladino, 2016; Faggella-Luby et al., 2017; Wolman et al., 2004) wurde von den Beauftragten selten, von den Lehrenden selbst häufiger benannt. Für die befragten bayerischen Lehrenden kann sie prinzipiell als positiv ausgeprägt konstatiert werden. Dies ergibt sich aus der deutlich überwiegenden Bereitschaft der Lehrenden bei angemessenen Vorkehrungen wie NTAen zu unterstützen (Faktor 1), der überwiegenden Bereitschaft Kursmaterialien für alle zugänglich zu machen (Faktor 4) sowie der überwiegenden Offenheit gegenüber – aus Sicht der Lehrenden – angemessenen Anpassungen bei Kurs- und Leistungsanforderungen (Faktor 7) ohne von den grundsätzlichen Leistungserwartungen (Faktor 5) abzurücken (vgl. Tab. 9). Dies entspricht im Wesentlichen dem amerikanischen Originalbefund bei etwas niedrigeren Skalenwerten (vgl. Tab. 9) (Lombardi & Murray, 2011). Diese positive Grundhaltung wird von den engagierten und positiv emotional involvierten Beauftragten flankiert, die im Rahmen ihrer Möglichkeiten versuchen einen Beitrag zu einer inklusionsorientierten Gesellschaft zu leisten (vgl. Kap. 4.1). Nur im Ausnahmefall wurde von prägenden Negativerfahrungen berichtet, die eine kritische Einstellung zu SmB im Hochschulsetting zur Folge hatten. Eine differenzierte Bereitschaft zur Unterstützung in Abhängigkeit der Beeinträchtigung wie sie Burgstahler und Moore (2009) oder Hindes und Mather (2007) beschreiben, wonach z.B. die Bereitschaft NTAe für Studierende mit psychischen Beeinträchtigungen zu unterstützen geringer ist oder diese Studierenden gar als nicht studierfähig angesehen werden, können hier nicht bestätigt werden. Allerdings wurden, wie bereits in der Literatur beschrieben (Baker et al., 2012; Zhang et al., 2010), nicht alle NTAe gleichermaßen positiv bewertet, was sich durch die Einzelitems von Faktor 1 zeigt, indem zusätzliche Bearbeitungszeiten größere Unterstützung finden als bspw. eine Reduktion von Pflichtliteratur. Problematisch erschien ferner die häufig als aufwendig empfundene Administration von NTAen (Lyman et al., 2016), weil der Wunsch nach individuellen Spielräumen bei Anpassungen für SmB häufiger auftauchte (vgl. Kap. 4.2). Inwiefern dabei die für die Bewilligung eines NTAs notwendigen Aspekte (Gattermann-Kasper, 2016) immer berücksichtigt werden, bleibt mitunter unklar. Berücksichtigt man ferner, dass sowohl bei Faktor 1 (*Unterstützung bei NTA*) sowie den Faktoren 3 (*Zeit*) und 4 (*Zugänglichkeit*) die Einzelitems, welche die Unterstützung aller Studierender und nicht nur gesondert der SmB beinhalten, die höchsten Mittelwerte aufweisen, wird eine Favorisierung von proaktiven systemischen Lösungsansätzen zu Gunsten aller Studierender deutlich, die mit UD umgesetzt werden könnten (Black, Weinberg & Brodwin, 2015; McGuire, 2014). Einschränkend ist in diesem Kontext allerdings zu bemerken, dass die Bereitschaft zusätzliche Zeit für die individualisierte Unterstützung von SmB oder inklusionsorientierte Lehr-Lern-Settings zu investieren, eine eher moderate Zustimmung aufweist (vgl. Tab. 9, Faktor 3), was auf ein zeitliches Ressourcenproblem der Lehrenden hindeutet (Welti & Herfert) und in den qualitativen Interviews auch von Lehrenden und Beauftragten konkret benannt wurde.

5.3 Förderung durch Weiterbildung

Die vorliegenden inferenzstatistischen Befunde zeigen, dass meist Einstellung und Unterstützungsbereitschaft von Weiterbildungsteilnehmer/innen positiver waren als von Lehrenden, die sich autodidaktisch informierten und solchen, die sich (noch) nicht weiterbildeten (vgl. Tab. 24-WB). Dies stützt bisherige Befunde, die gezielte themenspezifische Weiterbildung als ein wesentliches Instrument sehen, das potenziell ermöglicht den Wissensstand sowie die Einstellung von Lehrenden zu SmB im Hochschulsetting positiv zu beeinflussen (Lombardi & Murray, 2011; Moriña, 2017; Sniatecki et al., 2015) und somit grundsätzlich zur Reduktion von Barrieren für SmB beitragen kann (Black et al., 2015). Außerdem deuten die in den meisten Faktoren bedeutsam erhöhten Werte von Lehrenden mit mehr Kontakt zu SmB bzw. Vorerfahrung mit SmB (vgl. Tab. 24, K und E) darauf hin, dass kontextsensitive Erfahrungen in Fortbildungsangeboten vielversprechend sein dürften. Somit erscheinen hochschulspezifische Disability Awareness Programme unter Einbindung von SmB in kontextsensitiven Szenarien als sehr vielversprechende Fortbildungsmaßnahmen (Roth et al., 2018). Die interviewten Beauftragten gaben diesbezüglich an, dass es mit wenigen Ausnahmen bereits hochschulinterne themenspezifische Fortbildungsangebote speziell für Lehrende gäbe, wobei Häufigkeit und Differenziertheit der Angebote stark variierten. Demnach scheint die Notwendigkeit für Weiterbildungsangebote erkannt. Im internationalen Setting bestehen bereits seit längerem etablierte Fortbildungsangebote für Lehrende zum Themenfeld mit diversen und z.T. flexiblen (Online-)Kursen und Hochschulzertifikaten (vgl. University of Connecticut, 2019; University of Pittsburgh, 2019) die eine nachweisbare und nachhaltige Qualifizierung der Hochschullehrenden verfolgen. Solche Strukturen sind auch bereits teilweise an bayerischen Hochschulen vorhanden (z.B. MIT-L[10], ProfiLehre[11]).

---

[10] Vgl. https://www.profil.uni-muenchen.de/inklusionstraining/index.html
[11] Vgl. https://www.uni-augsburg.de/de/einrichtungen/qa/Kursangebot/SoSe-2019/

Als bedeutsame Fortbildungsinhalte wurden von den Lehrenden und Beauftragten v.a. psychische Erkrankungen bei Studierenden, barrierearme Lehr-Lern Settings und Regelungen zum NTA angeführt. Die beiden erstgenannten Themen nahmen auch die ersten beiden Plätze im quantitativen Ranking der Fortbildungsthemen ein und decken sich mit der Bedeutsamkeit beider Themen im internationalen Forschungsfeld (Lombardi & Murray, 2011; Sniatecki et al., 2015; Stein, 2014). Zur Verbesserung der Weiterbildungsquote der Lehrenden wurden eine bessere Informationsweitergabe sowie zeitlich günstigere und/oder flexiblere Angebote angeführt (Stein, 2014).

5.4 Förderung durch Netzwerke

Die interviewten Lehrenden fühlten sich dem Thema „Inklusion und Hochschule" überwiegend gewachsen, was insbesondere mit der Kenntnis von geeigneten Ansprechpartner/innen erklärt wurde. Dennoch scheinen der Erfahrungsaustausch und die Informationsweitergabe über themenspezifische Netzwerke bei den Lehrenden trotz häufig bekannter Ansprechpartner/innen nicht immer ausgeprägt, was durch die eher moderaten Skalenwerte für die Kenntnis von und Zufriedenheit mit Unterstützungsangeboten belegt wird (vgl. Tab. 9, Faktor 6). Die diesbezüglich höheren Werte der Originalstudie könnten darin begründet liegen, dass DS's an amerikanischen Hochschulen bereits länger und umfangreicher etabliert sind, sodass diesbezügliche Strukturen (Sichtbarkeit, Vernetzungsgrad auf Campus und in Hochschulstruktur) stärker gefestigt werden konnten (Harbour & Greenberg, 2017). Die Beauftragten sehen themenbezogene Netzwerke als einen weiteren Aspekt zur Förderung von SmB im Hochschulkontext, da die meistgenannten hochschulinternen/-nahen Netzwerke (von dem/der Fach- und Studienberater/in bis zum Studentenwerk) dazu führen können, den Bedürfnissen von SmB mehrperspektivisch besser zu begegnen (Scott et al., 2016) sowie Barrieren zu reduzieren (Leake & Stodden, 2014). Seltener angeführte externe Netzwerke (z.B. Kostenträger, Fachkliniken, Bauämter) bieten ferner die generelle Möglichkeit zur Förderung von Professionalisierung und Wissenserweiterung. Nur vereinzelt wurde auf die für SmB bedeutsamen Netzwerke mit Peers (Tutoring/Mentoring, und Familie/Freunde) hingewiesen (Crosling et al., 2009; Lombardi, Murray et al., 2016; Patrick & Wessel, 2013). Auch die best2 Studie belegt, dass SmB nicht immer Kenntnis von relevanten Ansprechpartner/innen haben (DSW, 2018, S. 246). Die Qualität der Netzwerke, insbesondere der bayerischen Lehrenden, erscheint demnach noch ausbaufähig. Zudem sollten Netzwerke, die eine inklusionsorientierte Weiterentwicklung der Hochschule fördern wollen, auf unterschiedlichen Ebenen mit internen und externen Partner/innen agieren sowie stärker sichtbar gemacht werden (Lauber-Pohle, 2019). Anschlussfähig und förderungswürdig erscheinen in Bayern diesbezüglich v.a. hochschulübergreifend das Netzwerk der bayerischen Beauftragten für SmB sowie hochschulinterne Vernetzungen durch Fakultäts-/Studienfachbeauftragte.

Somit lässt sich bei der Frage nach den Gelingensbedingungen für ein erfolgreiches Studium für SmB anführen, dass insbesondere die Steigerung des themenbezogenen Wissensstandes sowie eine Sensibilisierung der Hochschulakteure (insb. Lehrende) notwendig sind und durch ein größeres Angebot an Weiterbildungen sowie einer verdichteten Netzwerkstruktur gelingen können. Die zusammengeführten Ergebnisse (des Teilprojektes) sind im folgenden Graphic Recording (Visualisierung) szenisch dargestellt. Ein kurzer Erklärungstext der Visualisierung ist mithilfe des oben rechts verorteten QR-Codes abrufbar.

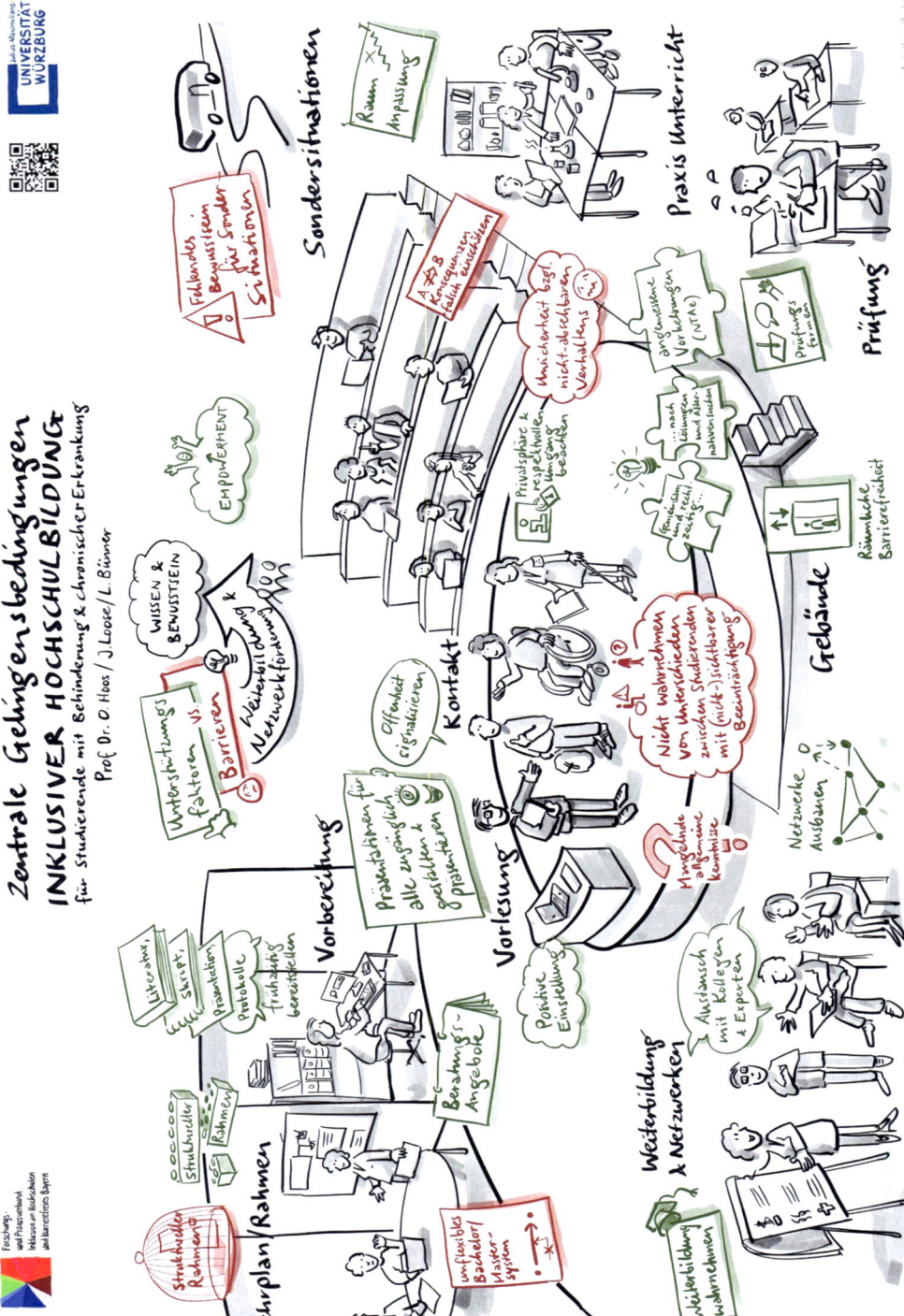

Abbildung 16: Visualisierung der zentralen Gelingensbedingungen inklusiver Hochschulbildung

6 Handlungsempfehlungen

Entsprechend der vier zentralen Gelingensbedingungen lassen sich folgende konkrete Handlungsempfehlungen ableiten:

- **Stärkung von Beauftragten und Netzwerken:** Die Beauftragten für SmB in Bayern (ggf. mit Beratungsstellen) sind als gesetzlich zuständige hochschulinterne Interessenvertreter/innen der SmB in ihrer Stellung, Ausstattung, Weiterbildung und hochschulübergreifenden Vernetzung angemessen zu stärken. Dies kann, wie bereits 2015 gefordert, über eine Gleichstellung mit den Frauenbeauftragten (Forderungspapier[12]) sowie eine nachhaltige Förderung des Netzwerks der (bayerischen) Beauftragten für SmB realisiert werden. Ferner erscheint die themenübergreifende Vernetzung mit Akteur/innen z.B. der „Gesunden Hochschule"[13] sinnvoll, um Maßnahmen zur Schaffung gesundheitsförderlicher Verhältnisse und solche für Barrierefreiheit synergistisch zu kombinieren.
- **Weiterbildungsförderung:** Ein nachhaltiger Ausbau von themenspezifischen Sensibilisierungs- und Weiterbildungsmaßnahmen für Hochschulakteur/innen ist hochschulspezifisch und -übergreifend zu fördern und sollte auf inklusionsunterstützendes Verhalten als auch auf inklusionsförderliche Verhältnisse abzielen. Dabei gilt es an bestehende hochschuldidaktische Zentren und Programme (z.B. ProfiLehrePlus) anzuschließen, zeitlich flexible Nutzungen (ggf. E-Learning) zu ermöglichen und kontextsensitive Situationen mit SmB z.B. im Sinne von Disability Awareness Programmen einzubeziehen. Inhaltlich sind insbesondere Themen wie Studierende mit psychischen Beeinträchtigungen sowie barrierearme Lehre mit UD-Bezügen zu berücksichtigen.
- **Qualitätsmanagement Lehre:** Grundsatzentscheidungen zur Qualitätsverbesserung und Flexibilisierung der Hochschullehre sollten die Gruppe der SmB im Sinne einer heterogenen Studierendenschaft stärker mitbedenken. Dies gilt insbesondere für aktuelle Diskussionen um kompetenzorientierte Lehre und Prüfungen (nexus)[14], da die Passung von Lehr- und Prüfungsinhalten im Sinne eines „constructive alignment" (Biggs & Tang, 2011) für die Aushandlung von NTAen eine bedeutsame Rolle spielt.
- **Sensibilisierung für Studieneingangsphase:** Die für SmB besonders vulnerable Phase des Studienbeginns ist für alle Hochschulakteur/innen deutlicher hervorzuheben und zugehörige Maßnahmen für Studienanfänger/innen (Abiturient/innentage, Erstitage, Tutoring/Mentoring, schriftliche Information bei Einschreibung etc.) sind mit Informationen zu „Studium und Beeinträchtigung" anzureichern.
- **Professorale Informations- und Anreizsysteme:** Es werden Informations- und Anreizsysteme für die „professoralen Strukturgeber/innen" in Hochschullehre und

---

[12] Vgl. https://www.uni-wuerzburg.de/fileadmin/32500250/Forderungspapier_Beauftragte_16_07_2015.pdf
[13] Vgl. http://www.gesunde-hochschulen-bayern.de/
[14] Vgl. https://www.hrk-nexus.de/

Forschung benötigt, die z.B. in Form von themenspezifischen Berufungsinforma-
tionen und gezielter Forschungsförderung zu „Inklusion an Hochschulen" umgesetzt werden könnten.

Literaturverzeichnis

Baker, K. Q., Boland, K. & Nowik, C. M. (2012). A Campus Survey of Faculty and Student Perceptions of Persons with Disabilities. *Journal of Postsecondary Education and Disability, 25* (4), 309–329.

Banville, D., Desrosiers, P. & Genet-Volet, Y. (2000). Translating Questionnaires and Inventories Using a Cross-Cultural Translation Technique. *Journal of Teaching in Physical Education, 19* (3), 374–387. https://doi.org/10.1123/jtpe.19.3.374

Beauftragte der Bundesregierung für die Belange von Menschen mit Behinderungen (Hrsg.). (2017). *Die UN-Behindertenrechtskonvention. Übereinkommen über die Rechte von Menschen mit Behinderungen.* Bonn.

Becker, S. & Palladino, J. (2016). Assessing Faculty Perspectives About Teaching and Working with Students with Disabilities. *Journal of Postsecondary Education and Disability, 29* (1), 62–82.

Biggs, J. B. & Tang, C. S.-k. (2011). *Teaching for quality learning at university. What the student does* (4th ed.). Maidenhead: Open University Press.

Black, R. D., Weinberg, L. A. & Brodwin, M. G. (2015). Universal Design for Learning and Instruction: Perspectives of Students with Disabilities in Higher Education. *Exceptionality Education International, 25* (2), 1–26.

Blanz, M. (2015). *Forschungsmethoden und Statistik für die Soziale Arbeit. Grundlagen und Anwendungen.* s.l.: W. Kohlhammer Verlag. Verfügbar unter http://www.content-select.com/index.php?id=bib_view&ean=9783170258365

Bortz, J. & Döring, N. (2002). *Forschungsmethoden und Evaluation.* Berlin, Heidelberg: Springer. https://doi.org/10.1007/978-3-662-07299-8

Burgstahler, S. E. (2009). *Universal Design of Instruction (UDI): Definition, Principles, Guidelines, and Examples* (University of Washington, Hrsg.).

Burgstahler, S. E. (Ed.). (2015). *Universal design in higher education. From principles to practice* (2nd edition). Cambridge, MA: Harvard Education Press.

Burgstahler, S. E. & Moore, E. (2009). Making Student Services Welcoming and Accessible Through Accommodations and Universal Design. *Journal of Postsecondary Education and Disability, 21* (3), 155–174.

Byrne, J. H. (2017). *Learning and Memory* (2nd ed.). San Diego: Elsevier Science. Verfügbar unter https://ebookcentral.proquest.com/lib/gbv/detail.action?docID=5100513

Cohen, J. (2013). *Statistical Power Analysis for the Behavioral Sciences* (2nd ed.). Hoboken: Taylor and Francis. Verfügbar unter http://gbv.eblib.com/patron/FullRecord.aspx?p=1192162

Collins, M. E. & Mowbray, C. T. (2008). Students with Psychiatric Disabilities on Campus: Examining Predictors of Enrollment with Disability Support Services. *Journal of Postsecondary Education and Disability, 21* (2), 91–104.

Condra, M., Dineen, M., Gauthier, S., Gills, H., Jack-Davies, A. & Condra, E. (2015). Academic Accommodations for Postsecondary Students with Mental Health Disabilities in Ontario, Canada: A Review of the Literature and Reflections on Emerging Issues. *Journal of Postsecondary Education and Disability, 28* (3), 277–291.

Crosling, G., Heagney, M. & Thomas, L. (2009). Improving student retention in higher education: Improving teaching and learning. *Australian Universities Review, 51,* 9–18.

Cureton, E. E. & Agostino, R. B. d.'. (1983). *Factor analysis, an applied approach. Edward E. Cureton, Ralph B. D'Agostino.* Hillsdale, N.J.: L. Erlbaum Associates.

Debrand, C. C. & Salzberg, C. L. (2005). A Validated Curriculum to Provide Training to Faculty Regarding Students With Disabilities in Higher Education. *Journal of Postsecondary Education and Disability, 18* (1), 49–61.

Deutsches Studentenwerk (Hrsg.). (Juni 2012). *beeinträchtigt studieren. Sondererhebung zur Situation von Studierenden mit Behinderung und chronischer Krankheit.* Berlin.

Informations- und Beratungsstelle Studium und Behinderung. (Januar 2014). *Beauftragte für Studierende mit Behinderungen und chronischen Krankheiten. Eine Umfrage der IBS zu Arbeitsbedingungen und Tätigkeitsprofil* (Deutsches Studentenwerk, Hrsg.). Berlin.

Deutsches Studentenwerk (Hrsg.). (2018). *beeinträchtigt studieren - best2. Datenerhebung zur Situation Studierender mit Behinderung und chronischer Krankheit 2016/17.* Berlin.

Deutsches Studentenwerk & Informations- und Beratungsstelle Studium und Behinderung (Hrsg.). (2013). *Studium und Behinderung – Informationen für Studierende und Studieninteressierte mit Behinderungen und chronischen Krankheiten* (7. Aufl.). Berlin.

Dukes III, L., Madaus, J. W., Faggella-Luby, M., Lombardi, A. & Gelbar, N. (2017). PASSing College: A Taxonomy for Students with Disabilities in Postsecondary Education. *Journal of Postsecondary Education and Disability, 30* (2), 111–122.

Faggella-Luby, M., Gelbar, N., Dukes III, L., Madaus, J., Lombardi, A. & Lalor, A. R. (2017). Universal Design and College Students with Disabilities: Does the Data Equal the Zeal? *Currents in Teaching and Learning, 9* (2), 5–19.

Faulseit-Stüber, A., Gernentz, J., Kron, U. & Weiss, K. (2009). *Weiterbildung und kommunales Engagement. Anregungen für die Praxis*. Bielefeld: Bertelsmann.

Fisseler, B. (2016). Studienerfolg von Studierenden mit gesundheitlichen Beeinträchtigungen. Ein systematischer Überblick zum internationalen Stand der Forschung. In U. Klein (Hrsg.), *Inklusive Hochschule. Neue Perspektiven für Praxis und Forschung* (Diversity und Hochschule, 1. Aufl., S. 156–177). Weinheim: Beltz Juventa.

Fisseler, B. & Markmann, M. (2012). Universal Design als Umgang mit Diversität in der Hochschule. *journal hochschuldidaktik* (1-2), 13–16.

Fossey, E., Chaffey, L., Venville, A., Ennals, P., Douglas, J. & Bigby, C. (2015). *Supporting tertiary students with disabilities: individualised and institution-level approaches in practice* (NCVER, Hrsg.). Commonwealth: La Trobe University.

Garrison-Wade, D. F. (2012). Listening To Their Voices: Factors That Inhibit Or Enhance Postsecondary Outcomes For Students' With Disability. *International Journal of Special Education, 27* (2), 113–124.

Gattermann-Kasper, M. (2015, 23. April). *Nachteilsausgleiche für Studierende mit Beeinträchtigungen*. Essen.

Gattermann-Kasper, M. (2016). Nachteilsausgleiche - Alles klar … oder? Kritischer Blick auf ein etabliertes Instrument im Lichte der UN-BRK. In U. Klein (Hrsg.), *Inklusive Hochschule. Neue Perspektiven für Praxis und Forschung* (Diversity und Hochschule, 1. Aufl., S. 104–122). Weinheim: Beltz Juventa.

Graham, J. W. (2012). *Missing Data*. New York, NY: Springer. https://doi. org/10. 1007/978-1-4614-4018-5

Harbour, W. S. & Greenberg, D. (2017). *Campus Climate and Students with Disabilities* (National Center for College Students with Disabilities, Hrsg.). Huntersville: Association on Higher Education and Disability.

Hinces, Y. & Mather, J. (2007). Inclusive Education at the Post-Secondary Level: Attitudes of Students and Professors. *Exceptionality Education Canada, 17* (1), 107–128.

Hochschulrektorenkonferenz (Hrsg.). (2009, 21. April). *"Eine Hochschule für Alle". Empfehlungen der 6. Mitgliederversammlung am 21.04.2009 zum Studium mit Behinderung/chronischer Krankheit*. Bonn.

Hu, L.-t. & Bentler, P. M. (1999). Cutoff criteria for fit indexes in covariance structure analysis: Conventional criteria versus new alternatives. *Structural Equation Modeling: A Multidisciplinary Journal, 6* (1), 1–55.

Hussy, W., Schreier, M. & Echterhoff, G. (2013). *Forschungsmethoden in Psychologie und Sozialwissenschaften für Bachelor* (Springer-Lehrbuch, 2., überarbeitete Auflage). Berlin and Heidelberg: Springer. https://doi.org/10.1007/978-3-642-34362-9

Jacklin, A., Robinson, C., O'Meara, L. & Harris, A. (2007). *Improving the experiences of disabled students in higher education* (The Higher Education Academy, Hrsg.).

Jackson, D. L., Gillaspy, J. A. & Purc-Stephenson, R. (2009). Reporting practices in confirmatory factor analysis: An overview and some recommodations. *Psychological methods, 14* (1), 6–23.

Klein, U. (Hrsg.). (2016). *Inklusive Hochschule. Neue Perspektiven für Praxis und Forschung* (Diversity und Hochschule, 1. Aufl.). Weinheim: Beltz Juventa. Verfügbar unter http://www.content-select.com/index.php?id=bib_view&ean=9783779943501

Klein, U. & Schindler, C. (2016). Inklusion und Hochschule: Eine Einführung. In U. Klein (Hrsg.), *Inklusive Hochschule. Neue Perspektiven für Praxis und Forschung* (Diversity und Hochschule, 1. Aufl., S. 7–18). Weinheim: Beltz Juventa.

Köstler, U. & Vetter, N. (2014). Kommunale Bildungslandschaft: Schule im Veränderungs- und Vernetzungsprozess. Einblicke anhand der empirischen Untersuchung eines Mentoringkonzepts. *Sozialer Fortschritt, 63* (8), 203–209.

Kuckartz, U. (2014). *Mixed Methods. Methodologie, Forschungsdesigns und Analyseverfahren*. Wiesbaden: Springer VS. https://doi.org/10.1007/978-3-531-93267-5

Kupferman, S. I. & Schultz, J. C. (2015). Supporting Students with Psychiatric Disabilities in Postsecondary Education: Important Knowledge, Skills and Attitudes. *Journal of Postsecondary Education and Disability, 28* (1), 25–40.

Lauber-Pohle, S. (2019). Inklusion an Hochschulen - durch Vernetzung? In S. M. Weber, I. Truschkat, C. Schröder, L. Peters & A. Herz (Hrsg.), *Organisation und Netzwerke* (Bd. 26, Bd. 26, S. 311–321). Wiesbaden: Springer.

Leake, D. W. & Stodden, R. A. (2014). Higher Education and Disability: Past and Future of Underrepresented Populations. *Journal of Postsecondary Education and Disability, 27* (4), 399–408.

Leech, N. L. & Onwuegbuzie, A. J. (2009). A typology of mixed methods research designs. *Quality & Quantity, 43* (2), 265–275.

Lenhard, W. & Lenhard, A. (2016). *Berechnung von Effektstärken*. Verfügbar unter https://www.psychometrica.de/effektstaerke.html

Little, R. J. A. & Rubin, D. B. (2002). *Statistical Analysis with Missing Data*. Hoboken, NJ, USA: John Wiley & Sons, Inc. https://doi.org/10.1002/9781119013563

Lombardi, A. (March 2010). *Measuring Faculty Attitudes and Perceptions Toward Disability at a Four-Year University. A Validity Study.* Dissertation. University of Oregon, Oregon.

Lombardi, A., Gelbar, N., Dukes, L. L., Kowitt, J., Wei, Y., Madaus, J. et al. (2016). Higher Education and Disability. A Systematic Review of Assessment Instruments Designed for Students, Faculty, and Staff. *Journal of Diversity in Higher Education.* https://doi.org/10.1037/dhe0000027

Lombardi, A. & Murray, C. (2011). Measuring university faculty attitudes toward disability: Willingness to accommodate and adopt Universal Design principles. *Journal of Vocational Rehabilitation, 34,* 43–56.

Lombardi, A., Murray, C. & Kowitt, J. (2016). Social support and academic success for college students with disabilities: Do relationship types matter? *Journal of Vocational Rehabilitation, 44* (1), 1–13.

Lombardi, A., Vukovic, B. & Sala-Bars, I. (2015). International Comparisons of Inclusive Instruction Among College Faculty in Spain, Canada and the United States. *Journal of Postsecondary Education and Disability, 28* (4), 447–460.

Lyman, M., Beecher, M. E., Griner, D., Brooks, M., Call, J. & Jackson, A. (2016). What Keeps Students with Disabilities from Using Accommodations in Postsecondary Education? . A Qualitative Review. *Journal of Postsecondary Education and Disability, 29* (2), 123–140.

Madaus, J. W., Gelbar, N., Dukes III, L., Lalor, A. R., Lombardi, A., Kowitt, J. et al. (2016). Literature on Postsecondary Disabilities Services: A Call for Research Guidelines. *Journal of Diversity in Higher Education.* Verfügbar unter http://dx.doi.org/10.1037/dhe0000045

Mayring, P. (1990). *Einführung in die qualitative Sozialforschung. Eine Anleitung zu qualitativem Denken* (Kleine Bibliothek der Psychologie, 1. Aufl.). München: Psychologie-Verl.-Union.

Mayring, P. (2015). *Qualitative Inhaltsanalyse. Grundlagen und Techniken* (Beltz Pädagogik, 12., überarb. Aufl.). Weinheim: Beltz.

McEwan, R. C. & Downie, R. (2013). College Success of Students with Psychiatric Disabilities: Barriers of Access and Distraction. *Journal of Postsecondary Education and Disability, 26* (3), 233–248.

McGuire, J. M. (2014). Universally Accessible Instruction: Oxymoron or Opportunity? *Journal of Postsecondary Education and Disability, 27* (4), 387–398.

Middendorff, E., Apolinarski, B., Becker, K., Bornkessel, P., Brandt, T., Heißenberg, S. et al. (Juli 2017). *Die wirtschaftliche und soziale Lage der Studierenden in Deutschland 2016. 21. Sozialerhebung des Deutschen Studentenwerks durchgeführt vom Deutschen Zentrum für Hochschul- und Wissenschaftsforschung* (Bundesministerium für Bildung und Forschung, Hrsg.). Berlin: Referat Wissenschaftlicher Nachwuchs, wissenschaftliche Weiterbildung.

Middendorff, E., Apolinarski, B., Poskowsky, J., Kandulla, M. & Netz, N. (Juni 2013). *Die wirtschaftliche und soziale Lage der Studierenden in Deutschland 2012. 20. Sozialerhebung des Deutschen Studentenwerks durchgeführt durch das HIS-Institut für Hochschulforschung.* Berlin.

Moriña, A. (2017). Inclusive education in higher education. Challenges and opportunities. *European Journal of Special Needs Education, 32* (1), 3–17. https://doi.org/10.1080/08856257.2016.1254964

Moriña, A., López-Gavira, R. & Molina, V. M. (2016). What if we could Imagine an Ideal University? Narratives by Students with Disabilities. *International Journal of Disability, Development and Education, 64* (4), 353–367.

Murray, C., Lombardi, A. & Kosty, D. (2014). Profiling adjustment among postsecondary students with disabilities. A person-centered approach. *Journal of Diversity in Higher Education, 7* (1), 31–44. https://doi.org/10.1037/a0035777

Patrick, S. & Wessel, R. D. (2013). Faculty Mentorship and Transition Experiences of Students with Disabilities. *Journal of Postsecondary Education and Disability, 26* (2), 105–118.

Peschke, S. (2019). *Chancengleichheit und Hochschule. Strukturen für Studierende mit Behinderung im internationalen Kontext* (Wissenschaft - Hochschule - Bildung). Wiesbaden: Springer. Verfügbar unter http://www. springer.com/

Petersen, T. (2014). *Der Fragebogen in der Sozialforschung* (utb-studi-e-book, Bd. 4129). Konstanz: UVK-Verl.-Ges; UTB. Verfügbar unter http://www.utb-studi-e-book.de/9783838541297

Roth, D., Pure, T., Rabinowitz, S. & Kaufman-Scarborough, C. (2018). Disability Awareness, Training and Empowerment: A New Paradigm for Raising Disability Awareness on a University Campus for Faculty, Staff and Students. *Social Inclusion, 6* (4), 116.

Salzer, M. S., Wick, L. C. & Rogers, J. A. (2008). Familiarity With and Use of Accommodations and Supports Among Postsecondary Students With Mental Illness. *Psychiatric Services, 59* (4), 370–375.

Scott, S., Markle, L., Wessel, R. D. & Desmond, J. (2016). Disability Services Partnerships with Faculty Members. *Journal of Postsecondary Education and Disability, 29* (3), 215–220.

Seifried, S. & Heyl, V. (2016). Konstruktion und Validierung eines Einstellungsbogens zu Inklusion für Lehrkräfte (EFI-L). *Empirische Sonderpädagogik* (1), 22–35.

Sharpe, M. N., Johnson, D. R., Izzo, M. & Murray, A. (2005). An analysis of instructional accommodations and assistive technologies used by postsecondary graduates with disabilities. *Journal of Vocational Rehabilitation, 22* (1), 3–11.

Sniatecki, J. L., Perry, H. B. & Snell, L. H. (2015). Faculty Attitudes and Knowledge Regarding College Students with Disabilities. *Journal of Postsecondary Education and Disability, 28* (3), 259–275.

Stein, K. F. (2013). DSS and Accommodations in Higher Education: Perceptions of Students with Psychological Disabilities. *Journal of Postsecondary Education and Disability, 26* (2), 145–161.

Stein, K. F. (2014). Experiences of College Students with Psychological Disabilities: The Impact of Perceptions of Faculty Characteristics on Academic Achievement. *International Journal of Teaching and Learning in Higher Education, 26* (1), 55–65.

Stemmer, P. (2017). *Studieren mit Behinderung/Beeinträchtigung. Teil 2, Qualitative Befragungen* (Studien zum sozialen Dasein der Person, Band 25, 1. Auflage). Baden-Baden: Nomos. https://doi.org/10.5771/9783845284927

Storrie, K., Ahern, K. & Tuckett, A. (2010). A systemativ review: Students with mental health problems - A growing problem. *International Journal of Nursing Practice* (16), 1–6.

Thompson-Ebanks, V. (2014). Personal Factors that Influence the Voluntary Withdrawl of Undergraduated with Disabilities. *Journal of Postsecondary Education and Disability, 27* (2), 195–207.

Tippelt, R. & Hippel, A. v. (Hrsg.). (2018). *Handbuch Erwachsenenbildung/Weiterbildung* (Springer Reference Sozialwissenschaften, 6., überarbeitete und aktualisierte Auflage). Wiesbaden: Springer VS. https://doi.org/10.1007/978-3-531-19979-5

Tippelt, R. & Schmidt-Hertha, B. (2013). Inklusion im Hochschulbereich. In H. Döbert & H. Weishaupt (Hrsg.), *Inklusive Bildung professionell gestalten. Situationsanalyse und Handlungsempfehlung* (S. 203–229). Münster: Waxmann Verlag GmbH.

University of Connecticut (Hrsg.). (2019). *eCampus.* Verfügbar unter http://ecampus.uconn.edu/index.php

University of Pittsburgh (Hrsg.). (2019). *Diversity and Inclusion Certificate Program.* Verfügbar unter https://www.diversity.pitt.edu/education-training/diversity-and-inclusion-certificate-program

Venville, A., Mealings, M., Ennals, P., Oates, J., Fossey, E., Douglas, J. et al. (2016). Supporting Students with Invisible Disabilities. A Scoping Review of Postsecondary Education for Students with Mental Illness or an Acquired Brain Injury. *International Journal of Disability, Development and Education, 63* (6), 571–592.

Vogel, S. A., Holt, J. K., Sligar, S. & Leake, E. (2008). Assessment of Campus Climate to Enhance Student Success. *Journal of Postsecondary Education and Disability, 21* (1).

Welti, F. & Herfert, A. *Übergänge im Lebenslauf von Menschen mit Behinderungen. Hochschulzugang und Berufszugang mit Behinderung* (Universität Kassel, Hochschule Fulda & Hessisches Ministerium für Wissenschaft und Kunst, Hrsg.).

Witzel, A. (2000). The Problem-centered Interview. Forum Qualitative Sozialforschung / Forum: Qualitative Social Research, Vol 1, No 1 (2000): Qualitative Research: National, Disciplinary, Methodical and Empirical Examples. https://doi.org/10.17169/fqs-1.1.1132

Wolman, C., Suarez McCrink, C., Figueroa Rodriguez, S. & Looby-Harris, J. (2004). The Accommodation of University Students with Disabilities Inventory (AUSDI): Assessing American and Mexican Faculty Attitudes Toward Students with Disabilities. *Journal of Hispanic Higher Education, 3* (3), 248–295.

Wynants, S. A. & Dennis, J. M. (2017). Embracing Diversity and Accessibility: A Mixed Methods Study of the Impact of an Online Disability Awareness Program. *Journal of Postsecondary Education and Disability, 30* (1), 33–48.

Zhang, D., Landmark, L., Reber, A., Hsu, H., Kwok, O.-m. & Benz, M. (2010). University Faculty Knowledge, Beliefs, and Practices in Providing Reasonable Accommodations to Students With Disabilities. *Remedial and Special Education, 31* (4), 276–286. https://doi.org/10.1177/0741932509338348

Anhang

Anhang A

Tabelle 25: Kodiermanual der Interviews der Beauftragten

Oberkategorie	Unterkategorie	Definition	Ankerbeispiel
Daten zur Person des/r Beauftragten	Alter	Alter des/r Beauftragten	„Ich bin 39 Jahre alt" (I10-B)
	Ausbildung	Ausbildung des/r Beauftragten	„Sozialpädagogik" (I11-B)
	Amtsausübung	Art der Amtsausübung (z.B. haupt- oder ehrenamtlich) und Aussagen bezüglich der Finanzierung	„Es gibt eine Stunde Deputatsermäßigung und ansonsten ehrenamtlich." (I3-B)
	Dauer der Position	Dauer der Ausübung der Position	„Als Beauftragter selbst seit nun acht Jahren" (I9-B)
Position und Tätigkeit	Aufgaben	Sämtliche Aufgaben die im Rahmen der Position des/r Beauftragten anfallen	„Ich sehe meine Rolle eben darin, dass ich die erste Anlaufstelle bin für Behinderte und chronisch Kranke, um deren Studienmöglichkeiten dahingehend zu beeinflussen, dass die Nachteile, die sie eben haben, kompensiert werden können." (I9-B)
	Herausforderungen Beauftragte	Situationen und Sachverhalte die den Beauftragten aus seiner/ihrer Sicht vor eine Herausforderung stellen	„Insbesondere im Bereich der psychischen Erkrankungen. Da die Studierenden oft sehr labil sind in den Situationen. Und schon alleine die Tatsache, dass sie zu mir kommen, kostet viele Studierende auch Überwindung, sich zu offenbaren mit ihren Krankheiten." (I2-B)
	Kontaktaufnahme	Möglichkeit der Studierenden den/die Beauftragten zu kontaktieren oder von diesem/r zu erfahren	„Manchmal kriege ich das direkt von den Studenten mit, dass die sich an mich wenden per Telefon, per E-Mail oder dass sie mich ansprechen." (I10-B)
	Formen von Beeinträchtigungen	Formen von Behinderungen sowie chronischen Erkrankungen mit denen Beauftragte/r im Hochschulkontext Erfahrungen gesammelt hat	„Einige mit Sehbeeinträchtigungen, körperbehinderte Studierende und es gibt auch Studierende mit zum Beispiel Legasthenie, die einen NTA beantragen. Und es gibt eine wachsende Zahl von Studierenden mit psychischen Erkrankungen." (I12-B)
	Gesetzliche Grundlagen	Gesetzliche Grundlagen, an denen sich der /die Beauftragte für seine/ihre Arbeit mit Studierenden mit Beeinträchtigung orientieren	„Ich berufe mich natürlich auch in meiner Arbeit auf die Menschenrechte, das Grundgesetz und vor allem auf die Behindertenrechtskonvention." (I11-B)

Oberkategorie	Unterkategorie	Definition	Ankerbeispiel
	Netzwerke	Personen sowie Institutionen mit denen Beauftragte/r im Austausch steht	„...mit dem Sozialwerk, wenn es um konkret benennbare Bedarfe geht und im Einzelfall eben der Verweis an den psychologischen Fachdienst, wenn der notwendig ist." (I11-B)
	Einstellung der Beauftragten	(Persönliche) Einstellung des/r Beauftragten zum Thema „beeinträchtigt studieren"	„Das Thema Inklusion an der Hochschule oder barrierefreies Studieren ist letztendlich ein Teil der gesamtgesellschaftlichen Aufgabe. Wenn man die UN BRK ernst nimmt, dann muss sich die Gesellschaft insgesamt auf den Weg des Abbaus von Teilhabebarrieren machen. (I13-B)"
Lehrende aus Sicht der Beauftragten	Herausforderungen der Lehrenden	Situationen und Sachverhalten, die Lehrende vor eine Herausforderung stellen, laut des/r Beauftragten	„Es kommen immer mal wieder Anfragen, die sind auch steigend von der Anzahl. Betrifft auch Studierende mit psychischen Erkrankungen. Zum Beispiel, wenn Studierende Panikattacken haben, mitten im Seminar rausrennen und dann auf dem Flur sitzen und hyperventilieren. Also wie reagiere ich dann eben als Lehrender? Was kann ich da tun?" (I1-B)
	Lehrende als Hürde	Stellen Lehrende eine Hürde für SmB dar und wenn ja, in welcher Art und Weise	„... aber es kann schon immer wieder sein, dass Professoren eher eine Einstellung pflegen, im Sinne von ‚ja, die haben hier nichts zu suchen und die kriegen ja hier eh nur alles vergünstigt' also sowas kann es schon auch geben." (I5-B)
	Angebote für Lehrende	Möglichkeiten für Lehrende sich themenspezifisch zu informieren und weiterzubilden	„Ja, das sind eben Seminare im Rahmen derer erst einmal auf die Tätigkeit des Behindertenbeauftragten aufmerksam gemacht wird." (I9-B)
Aktuelle Barrieren, Gelingensbedingungen und Möglichkeiten zur Veränderung	Barrieren	Sämtliche aktuell bestehende Barrieren für SmB, die lediglich als vorhanden benannt werden	„Barrieren, die durch die neue Studienstruktur nach der Bologna-Reform entstanden sind. Das Studium ist sehr viel verschulter, ist zeitlich enger gefasst." (I12-B)
	Unterschied zw. SmsB und SmnsB	Unterschiede, die es zwischen Studierenden mit sichtbaren und nicht-sichtbaren Beeinträchtigungen gibt und wie sich die Reaktion bzw. der Umgang mit beiden Gruppen unterscheidet	„... also ich würde sagen, je sichtbarer die Behinderung, desto höher die Chance auf eine verständnisvolle Haltung zu treffen." (I3-B)

Oberkategorie	Unterkategorie	Definition	Ankerbeispiel
	Handlungs-bedarf	Sämtliche Barrieren für SmB, die aktiv reduziert werden können	„Also das ist sicherlich auch noch ein Problem an dem weitergearbeitet werden muss. Die Erreichbarkeit letztendlich zu verbessern, gezielt für SmB." (I3-B)
	Anpassungen	Sämtliche Barrieren, die bereits durch eine Art der Anpassung reduziert oder behoben wurden	„Also, wir haben ja vor vielen Jahren eine Broschüre entwickelt, was Lehrende beachten können im Umgang mit Studierenden mit Behinderungen." (I8-B)
	Gelingens-bedingungen	Bedingungen, die gegeben sein müssen, um ein erfolgreiches Hochschulstudium für SmB ermöglichen zu können	„Also offener Umgang vor allem mit den verschiedensten Beeinträchtigungen. Natürlich macht es Sinn, wenn wir eine möglichst barrierearme Hochschule sind, also mit wenig Barrieren." (I8-B)
	Optimales Hochschul-studium	Veränderungen, die sich der/die Beauftragte für seine/ihre Arbeit wünscht, wenn er/sie alle Freiheiten hätte, gelten als Idealvorstellungen für ein optimales Studium	„Was ich mir natürlich wünschen würde, wäre, dass ich, was ich bislang nicht habe, der Behindertenbeauftragte hat keinen eigenen finanziellen Topf, der sozusagen ihm pro Jahr zur Verfügung gestellt wird." (I2-B)

Anhang B

Tabelle 26: Kodiermanual der Interviews der Lehrenden

Oberkategorie	Unterkategorie	Definition	Ankerbeispiel
	Alter	Alter des/r Lehrenden	„Ich bin 53." (I6-L)
	Ausbildung	Ausbildung des/r Lehrenden	„Zwei Staatsexamen für Lehramt" (I12-L).
	Beschäftigungsdauer	Beschäftigungsdauer als Lehrender an der Hochschule	„Seit 1983" (I7-L)
Daten zur Person	Lehrdeputat	Lehrstundenanzahl des Lehrenden	„Ich habe neun Semesterwochenstunden." (I11-L)
	Überwiegende Studierenden-schaft	Studienabschluss (Bachelor/Master/ Staatsexamen/Promotion) der Lehrveranstaltungs-teilnehmer/innen	„Bachelor, Master, Promotion." (I8-L)
	Fakultät	Fakultätszugehörigkeit (von Interviewerin zugeordnet)	/

Oberkategorie	Unterkategorie	Definition	Ankerbeispiel
Herausforderungen und Optimierung im Lehralltag	Herausforderung Lehre allgemein	Herausforderungen, auf die Lehrende/r innerhalb der eigenen Lehre stößt	„Die Herausforderungen liegen vor allem darin, dass es Veranstaltungen gibt, die von Studierenden verschiedener Studiengänge besucht werden. Und die einen haben in dem Fach teilweise schon recht viele Vorkenntnisse und die anderen nicht." (I4-L)
	Herausforderung Lehre mit SmB	Herausforderungen, auf die Lehrende/r innerhalb der eigenen Lehre mit SmB stößt	„Es gibt Menschen mit Prüfungsangst die sehr große Probleme haben, weil wir ja sehr viele Prüfungen haben, ständig und wir haben ja sehr viele Kurse, da gibt es die ersten größeren mündlichen Prüfungen und manche kommen damit nicht so gut zurecht." (I7-L)
	Optimales Hochschulstudium	Vorstellungen hinsichtlich eines optimalen Hochschulstudiums aus Sicht des/r Lehrenden	„Wenn wir die Möglichkeit hätten, würden wir dafür sorgen, dass wir mehr praktische Stunden hätten. Einfach um Inhalte tiefgreifender verankern zu können. Aber von den Grundvoraussetzungen würde sich, meiner Meinung nach, nicht viel ändern. Weil das durch das Fach einfach relativ stark festgelegt ist. Also auch im Hinblick auf Inklusion sehe ich da einfach Grenzen, die in diesem Fach nicht oder nur ganz, ganz schwer zu überwinden sind." (I6-L)
Kenntnisse zu und Wahrnehmung von SmB	Inklusion	Verständnis des/r Lehrenden von Inklusion (an der Hochschule)	„Dass man allen Menschen in jeder Lebenssituation die bestmögliche Ausbildung in dem Fach, in dem sie sich im Leben betätigen wollen geben sollte. Soweit das möglich ist. Das wäre für mich die Inklusion. Auch wenn jemand akut krank ist natürlich. Ihn so zu unterstützen, dass er da nicht rausfliegt." (I7-L)
	Kontaktaufnahme	Form der Kontaktaufnahme zwischen SmB und Lehrendem	„Die, mit denen ich jetzt ein engeres Verhältnis hatte und von denen ich das wusste, die sind immer von sich aus gekommen und haben dann gesagt: ‚Können wir mal schnell die Türen zu machen, ich muss Ihnen mal was sagen'." (I5-L)
	Formen von Beeinträchtigungen	Formen von Behinderungen sowie chronischen Erkrankungen mit denen Lehrende/r im Hochschulkontext Erfahrungen gesammelt hat	„Körperliche Behinderungen wüsste ich jetzt so nicht. Sind schon mehr diese psychischen Behinderungen oder Erkrankungen." (I8-L)

Oberkategorie	Unterkategorie	Definition	Ankerbeispiel
	Unterschied zw. SmsB und SmnsB	Unterschiede zwischen SmsB und SmnsB aus Sicht des/r Lehrenden	„Also bei der Frau mit der Beeinträchtigung mit dem Zittern, der ist es relativ leichtgefallen. Aber bei psychischen Beeinträchtigungen, gestehen sich die Leute das selber ein? Wissen sie, ob man das merkt, ob andere das merken? Oder hoffen sie einfach, dass es vielleicht ja doch keiner merkt? Von daher glaube ich, dass es in dem Bereich seltener ist. Da muss jemand schon eine gewisse Stärke haben, wahrscheinlich auch schon mal Therapien gemacht haben, um zu sagen 'Okay, ich kann damit umgehen'." (I4-L)
	Gesetzliche Grundlagen	Wissen über gesetzliche Grundlagen, auf die sich SmB (laut Lehrendem/r) berufen können	„Nicht so genau. Also ich kenne ganz gut die Behindertenrechtskonvention, aber was das genau dann in der Bundesrepublik für Studierende bedeutet, wie weit das da wirklich schon umgesetzt ist, das weiß ich nicht und ob es überhaupt schon umgesetzt ist" (I4-L)
Unterstützung SmB	Möglichkeit z. U. konkret	Konkrete Unterstützungsmöglichkeit für SmB, die zumeist durch einen offiziellen NTA umgesetzt wird	„Machen wir auch für körperbehinderte Studierende, geben wir mehr Prüfungszeit." (I19-L)
	Möglichkeit z. U. bereitwillig	Bereitschaft zur Unterstützung wird durch offene Kommunikation seitens des/r Lehrenden signalisiert	„Wenn das eine kleine Geschichte wäre, dass jemand sagt: 'Ich kann das Referat jetzt nicht halten, weil ich aus irgendwelchen Gründen nicht präsentieren kann', dann würde ich mit ihm reden und wir würden sicherlich eine Lösung finden." (I17-L)
	Möglichkeit z. U. Anpassung	Unbürokratische Anpassungen, die nicht zwingend nur zur Unterstützung von SmB dienen müssen	„Also wir bieten Kleingruppentutorien an. Also Jemand der vehement Probleme hat, kann diese aufsuchen." (I8-L)
	Möglichkeit z. U. Ansprechpartner/innen	Unterstützungsmöglichkeit für SmB durch Personen bzw. Institutionen die neben Lehrendem/r als Ansprechpartner/innen fungieren	„Man kann sich beim (…) auch mal, ich sag mal, coachen lassen oder einfach ein bisschen Hilfe holen, was gibt es dafür Tricks."

Oberkategorie	Unterkategorie	Definition	Ankerbeispiel
Unterstützung Lehrende	Nutzen von NTAen/An-passungen	Getroffene Anpassungen für SmB die Lehrende/r als nicht sinnvoll erachtet	„Wie sinnvoll ist es, wenn jemand mit einem Autismus Spektrum Lehramt studiert, der Schwierigkeiten hat mit sozialen Kontakten und wählt dann einen sozialen Beruf, wo er doch ständig mit anderen Menschen zu tun haben wird? Ich meine es ist richtig, dass die Leute die Förderung, Hilfen, Maßnahmen bekommen, die ihnen auch zustehen. Aber das Ziel sollte man nicht aus den Augen verlieren." (I20-L)
	Selbstwirksam-keitserwartung	Eigene Einschätzung inwieweit sich Lehrende/r themenspezifisch gewachsen fühlt	„Es ist schwierig, weil wir natürlich von der Ausbildung her da auch nicht wirklich in diese Richtung gearbeitet haben." (I6-L)
	Weiterbildung	Weiterbildungen die von Lehrendem/r bereits besucht wurden sowie generelle Überlegungen zum Thema Fortbildung	„Nein, noch nicht. Das liegt aber vor allem daran, dass ich so viel Lehre habe und die dummerweise auch nicht in den Semesterferien liegen, sondern die liegen wirklich konsequent da, wenn ich Lehre habe und dann tut es mir echt leid. Ich würde es grundsätzlich machen, ja." (I2-L)
	Themen für Weiterbildung	Weiterbildungsthemen, die für Lehrende/n von Interesse wären	„… mehr Aufklärung. Wie viel Prozent haben denn [eine Beeinträchtigung]?" (I14-L)
	Netzwerke	Personen sowie Institutionen mit denen Lehrende/r im Austausch steht	„Wir haben eben immer so eine Arbeitskreisbesprechung und in solchem Rahmen wird dann so etwas thematisiert." (I9-L)
Barrieren	Barriere Zugang	Barrieren die SmB den Zugang zu Gebäuden, bestimmten Räumlichkeiten oder Ausstattungen erschweren	„Für jemanden im Rollstuhl ist es sicherlich sehr schwierig, weil die Fakultät auf unterschiedliche Gebäude verteilt ist. Der müsste die Wege irgendwie zurücklegen. Schwierig, aber es ist machbar. Also es gibt den Aufzug und man kommt in die unterschiedlichen Etagen." (I4-L)
	Barriere Studium	Spezielle Barrieren eines Studiengangs sowie Barrieren die innerhalb eines Studienganges durch eine spezielle Beeinträchtigung auftreten	„Es kommt darauf an, um was für eine Behinderung es sich handelt. Also ich sag mal, wenn jemand blind ist und das ,Fach' studiert, dann ist das natürlich nicht möglich." (I15-L)
	Weitere Barrieren	Barrieren, die für SmB eine Studienerschwernis darstellen und sich nicht auf Barrieren hinsichtlich eines Zugangs oder eines Studienganges beziehen	„Wenn Jemand natürlich keinen Anschluss findet, dann wird es schwierig. Dann wird es auch mit dem Studium schwierig. Leute, die nicht integriert sind, unabhängig von Einschränkung oder nicht, die haben Schwierigkeiten." (I11-L)

Oberkategorie	Unterkategorie	Definition	Ankerbeispiel
Einstellung	Kognitiv	Äußerungen die die generelle Haltung bzw. Gedankengänge des/r Lehrenden widerspiegeln	„… von daher kriege ich eigentlich wenig mit, warum die Prüfungszeitverlängerung haben. Ich nehme das dann einfach in Kauf. Okay, sie haben Verlängerung und gut." (I15-L)
	Affektiv	Bereits gesammelte Erfahrungen des/r Lehrenden mit SmB	„Es ist gut, dass hier der Aufzug da ist, aber jetzt, wo Sie es sagen. Ich glaube, zu meiner Zeit, als ich hier studiert habe und es eben noch nicht da vorne war, gab es auch einen Studenten im Rollstuhl, und ich glaube, der hatte aber wirklich dann so couragierte Freunde, dass die ihn dann immer hochgetragen haben." (I18-L)
	Behavioral	Reaktion des/r Lehrenden auf den Umstand, dass dritte Lehrende der Möglichkeit zur Übertragung von verbalen Vortragsinhalten in, ggf. speicherbare, Schriftform für gehörlose Studierende kritisch gegenüber stehen	„Man muss doch den Studierenden alle Möglichkeiten geben, um diesen Stoff genauso mitzubekommen wie ein Nicht-Behinderter." (I21-L)